Kathrin Rüegg / Werner O. Feißt · Großmutters Mittelmeer-Küche

Wir widmen dieses Buch jenen,
die mit ihren Rezepten dazu beigetragen haben:
Wolfgang Wieter
Fermin-Ruiz Torres
Janine Kuri
Sévérine Carles
Anna Marcolungo
Danilo Dima
Silvana Tubic
Käthi Mantzaridou
Roula Galiti
Mustafa Özcelik
Simoni und Krinos Hadjigeorgiou

Kathrin Rüegg / Werner O. Feißt

Großmutters Mittelmeer-Küche

Kochen wie im Urlaub

Was die Großmutter noch wußte, Band 8

Mit einem Beitrag von Dr. med. Nicolai Worm, Ernährungswissenschaftler und Mitarbeiter an der SWF-Fernsehsendung «Was die Großmutter noch wußte»

Müller Rüschlikon

Einbandgestaltung: Irène Studer
Titel- und Rückseitenbild: Marco Garbani Nerini, CH-6500 Locarno

Fotonachweis: S. 2/3, 31, 33, 34, 35, 36, 37, 39, 52, 53, 54, 55, 57, 59, 72, 73, 74, 75, 77, 89, 91, 92, 93, 95, 104, 105, 107, 122, 123, 124, 125, 126/127, 129, 140, 141, 143, 145, 155, 156, 157, 159, 160 von Michael Bauer, D-76534 Baden-Baden
S. 14/15, 23, 29, 40/41, 45, 48, 50, 85, 87, 96/97, 100, 102, 108/109, 114, 117, 146/147, 151, 152 von Werner O. Feißt, D-76571 Gaggenau
S. 7: Marco Garbani Nerini, CH-6500 Locarno
S. 60/61, 78/79, 130/131, 135 von B. Gräfenhain, INCOLOR Farbbild-Agentur, CH-8006 Zürich
S. 11: Fischer, Schwarzwald-Bildarchiv, D-76534 Baden-Baden

ISBN 3-275-01218-5

1. Auflage 1996

Lektor: Dr. Marta Jacober
Hersteller: Irène Studer
Satz: Stückle Druck und Verlag, D-77955 Ettenheim
Fotolithos: Fotolito Longo, I-39010 Frangart / Bozen
Druck: Dr. Cantz'sche Druckerei, D-73760 Ostfildern
Bindung: Karl Dieringer, D-70839 Gerlingen
Printed in Germany

Auf zur Mittelmeerreise, Kathrin und Werner startbereit und erwartungsvoll am Quai. ▶

Inhalt

Der Rezeptteil ist von Kathrin Rüegg
Alle Rezepte sind für vier Personen berechnet.

Essen am Mittelmeer – ein Quell der Gesundheit

von Dr. Nicolai Worm

Das Thema «Mittelmeer-Kost» ist zur Zeit in aller Munde. Die Yellow Press hat es als den neuen «Ernährungs-Renner» entdeckt. In der Tat spricht vieles dafür, daß die Ernährungsgewohnheiten in verschiedenen Mittelmeerländern mit dafür verantwortlich sind, daß dort so wenig Herz-Kreislauf-Probleme und vor allem so viel weniger Herzinfarkte vorkommen als in mittel- oder nordeuropäischen Ländern.

Doch gibt es gar nicht «die eine», sondern viele unterschiedliche Küchen am Mittelmeer. Tatsächlich haben die sechzehn verschiedenen Mittelmeerländer zum Teil sehr unterschiedliche Ernährungsgewohnheiten. Die Franzosen z. B. haben schon immer gerne viel Fleisch und Käse gegessen und relativ wenig Olivenöl, ganz anders als die Griechen. Die einzige große Übereinstimmung am Mittelmeer liegt darin, daß die Menschen dort nicht nur essen, um satt zu werden. Sie begeistern sich für Geschmack und Qualität und sie benutzen das Mahl als den sozialen Höhepunkt des Tages, als Basis einer angeregten Kommunikation mit ihren Mitmenschen.

Wenn man das Thema aus ernährungswissenschaftlicher Sicht betrachtet, gibt es einige «Schutzfaktoren» vor Herz-Kreislauf-Krankheiten innerhalb der Ernährung. Nachweislich präventiv wirken nur drei Faktoren: erstens moderater Alkohol-, d. h. vor allem Weinkonsum, zweitens eine hohe Vitamin-E-Zufuhr und drittens reichlicher Obst- und Gemüsegenuß. Dazu kommen noch einige einzelne Ernährungsfaktoren, bei denen eine schützende Wirkung relativ gut belegt und biologisch recht gut begründbar ist: Knoblauch- und Zwiebelgewächse, Olivenöl und Seefisch bzw. die darin enthaltenen Omega-3-Fettsäuren.

Der Wein spielt in allen Mittelmeerländern seit Jahrtausenden eine traditionelle Rolle als Genuß- und Arzneimittel. Sein herzschützender Effekt erklärt sich aus der positiven Wirkung des Alkohols auf die Blutfette und auf die verminderte Gerinnungsneigung des Blutes. Außerdem enthält Wein sogenannte Polyphenole. Das sind Substanzen, die eine Reihe von pharmakologisch sinnvollen Wirkungen im Körper ausüben.

Auch für Vitamin E existiert ein sehr plausibler Wirkmechanismus: Vitamin E verhindert u. a. die Oxidation des «bösen» LDL-Cholesterins im Blut und schaltet damit eine der Ursachen für arteriosklerotische Gefäßverschlüsse weitgehend aus. Das Vitamin E beziehen wir aus Fett. Wo kein Fett, da kein Vitamin E. Eine betont fettarme Kost ist schon aus diesem Grund sehr fragwürdig. In den Mittelmeerländern liegt der Fettanteil der Kost bei 38 bis 40 % der Kalorien, und erst mit diesem hohen Konsum von Fett bzw. Öl läßt sich ihre besonders hohe, gesundheitsfördernde Versorgung mit Vitamin E auf natürliche Weise realisieren. Bei der Bewertung der Fette und Öle als Vitamin-E-Quelle darf man sich nicht auf Werbe-

In sonnigen, wildromantischen Hainen reifen köstliche Oliven.

aussagen verlassen. Entscheidend ist nicht die Gesamtmenge an Vitamin E in dem Öl, sondern das sogenannte Netto-Vitamin E. Die ungesättigten Fettsäuren im Öl sowie auch nach ihrer Aufnahme in unseren Körper benötigen nämlich ihr eigenes Vitamin E, um sich selbst vor Oxidation zu schützen. Netto-Vitamin E ist folglich die Menge, die übrig bleibt, um im Körper des Menschen im übrigen Gewebe zur freien Verwendung zur Verfügung zu stehen. Die beste Quelle für Netto-Vitamin E ist Weizenkeim-, Sonnenblumen- und Olivenöl. Andererseits gibt es auch negative Netto-Vitamin-E-Quellen. Sie liefern weniger davon, als ihre Fettsäuren selbst verbrauchen, und berauben nach dem Verzehr unseren Körper faktisch an Vitamin E. An erster Stelle zu nennen sind das Leinöl, gefolgt von Sesam- und Soja- und Erdnußöl.

Olivenöl ist eine exzellente Quelle für Netto-Vitamin E und gleichzeitig eine ausreichende, aber nicht übertriebene Quelle für essentielle Fettsäuren. Je mehr Olivenöl, desto besser die Vitamin-E-Versorgung. Ein weiterer herausragender Vorteil des Olivenöls gegenüber vielen anderen Ölen liegt darin, daß es kalt abgepreßt werden kann.

Daraus folgt, daß man immer kaltgepreßtes, d. h. «natives Olivenöl extra» verwenden sollte – außer Sie wollen etwas sehr lange sehr hoch erhitzen. Dann sollte man ein raffiniertes bevorzugen, da im gereinigten Öl keine wertvollen Schwebestoffe vorkommen, die verbrennen und mögliche ungünstige chemische Reaktionen hervorrufen können.

In Ländern mit hohem Obst- und Gemüsekonsum ist die Herz-Kreislauftodesrate niedrig und umgekehrt. Der hohe Obst- und Gemüseverzehr ist für alle Mittelmeerländer typisch. In Obst und Gemüse findet man Tausende von bioaktiven Substanzen. Die meisten Obst- und Gemüsesorten enthalten interessante Mengen von Vitamin C, ein Antioxidans mit vielerlei Wirkung, es wird insbesondere zur ständigen Regeneration von Vitamin E benötigt. Dann sind natürlich die berühmten Polyphenole zu erwähnen, die sich als hochwirksame Antioxidantien herausgestellt haben und die im Bereich Blutfette und Blutgerinnung außerordentlich stark eingreifen. Oder die verschiedenen Karotine, von denen man neben ihrer antioxidativen Wirkung auch krebshemmende und das Immunsystem stärkende Wirkungen kennt. Andere Pflanzeninhaltstoffe wirken entzündungshemmend oder blutdrucksenkend, wieder andere können Mikroorganismen abtöten. Es ist übrigens eine unsinnige und wissenschaftlich unhaltbare Meinung, daß man Rohkost generell bevorzugen sollte. Viele Stoffe werden erst durch die Garung für den Körper aufschließbar und damit wertvoll. Andererseits verliert man natürlich durch die Hitzeeinwirkung Vitamine. Als probate Lösung bietet sich eben auch hier eine abwechslungsreiche Mischung an: mal roh, mal gegart – wie am Mittelmeer.

Auch beim Konsum von Seefisch mit entsprechenden Anteilen an den sogenannten Omega-3-Fettsäuren ist ein Herzschutz schon einigermaßen überzeugend demonstriert worden. Ein bis zwei Fischmahlzeiten pro Woche senken das Herzinfarktrisiko in einer westlichen Bevölkerung signifikant. Als Wirkmechanismus sieht man eine Verbesserung der Fließfähigkeit des Blutes, eine Hemmung der Thromboseneigung sowie eine blutdrucksenkende und eine blutfettsenkende Wirkung.

Knoblauch zeigt in zahlreichen Studien, am Tier wie auch am Menschen, starke pharmakologische Effekte, die plausibel in das Thema Herz-Kreislaufprophylaxe hineinpassen. Knoblauch – und ähnliches gilt übrigens auch für die Zwiebel – hemmt z. B. die Verklumpung der weißen Blutkörperchen und damit die Thrombose, außerdem fördert es die Auflösung von Blutgerinnseln. Knoblauch verbessert auch die Fließeigenschaften des Blutes, senkt den Blutdruck und wirkt Herzrhythmusstörungen entgegen. Knoblauch hemmt die körpereigene Cholesterinproduktion und senkt damit das LDL-Cholesterin, hebt aber das HDL-Cholesterin. Das sind Wirkungen, die sonst nur von Alkohol und den modernen cholesterinsenkenden Medikamenten erreicht werden. Schließlich schützt Knoblauch das Gewebe vor Oxidation.

Fassen wir also die Säulen der «Herzschutz-Ernährung» zusammen: Täglich mehrmals Obst. Täglich Salat und Gemüse, das mit genügend Öl beiträgt zur optimalen Vitamin-E-Versorgung, und bei Bevorzugung der einfach ungesättigten Fettsäuren – also mit Olivenöl angerichtet wird. Mehrmals die Woche sollte Seefisch auf der Speisekarte stehen. Täglich sollte es auch etwas Alkoholisches geben. Am besten mittags und abends, immer geschmacklich abgestimmt, ein oder zwei Gläschen Weißwein oder Rotwein oder natürlich auch Rosé. Die übrigen Nahrungsbestandteile haben wohl weniger aktive Bedeutung, was den Herzschutz betrifft. Als Sättigungsbeilage sind immer reichlich Brot, aber auch Kartoffeln, Reis, Nudeln usw. selbstverständlich. Von Fleisch, Geflügel, Eiern und Hülsenfrüchten, Nüssen und Kernen mäßig, aber regelmäßig und abwechselnd etwas essen. Das Ganze sollte man langsam, in Ruhe und mit Freude und mit bestem Gewissen genießen. Wenn man satt ist, dann bitte aufhören, damit man schön schlank bleibt.

So ißt man traditionell am Mittelmeer. Dort nennt sich das übrigens «Gutes Essen», nicht etwa «Gesundes Essen». Dort prüfen die Verbraucher vor allem die Qualität der Produkte und die Kunst des Küchenchefs, genießen sie und denken dabei an alles mögliche, nur nicht an Herzinfarktvorbeugung.

Übrigens, auch die Italiener, Spanier und Griechen essen seit den 50er Jahren parallel mit dem Anstieg des Pro-Kopf-Einkommens kontinuierlich immer mehr «Ungesundes», wie Fleisch, Geflügel, Eier, Milch und Käse und dabei sinkt gleichzeitig die Herz-Kreislaufsterblichkeit kontinuierlich, z. T. sogar noch drastischer als in Deutschland, und liegt nun niedriger denn jemals zuvor.

Darum, so darf ich aus wissenschaftlicher Sicht heute urteilen, ist die heutige Mittelmeer-Küche, die «neuzeitliche» griechische, italienische, französische und spanische Kost mit Sicherheit bestens zu empfehlen. Eine qualitätsbewußte, schmackhafte, abwechslungsreiche Kost, mit hohem Anteil an Obst und Gemüse, reichlich Olivenöl und täglich Wein, in der aber auch alle anderen Nahrungsmittel wie Fleisch, Wurst, Milch und Käse ihren Platz haben, ohne diskreditiert zu sein!

Diese Regeln in die Küchenpraxis umzusetzen, genau das ist den beiden von mir so geschätzten Kathrin Rüegg und Werner O. Feißt mit diesem vorliegenden Buch so hervorragend gelungen. Ich wünsche dem Buch viel Erfolg und ich hoffe, daß möglichst viele Leser von den vielen Rezepten und den zahlreichen Tips und Hinweisen dieses Buches profitieren und ein Bewußtsein für diese schmackhafte, genußreiche und trotzdem vielleicht gesündeste aller Kostformen entwickeln.

Andalusien

Von Werner O. Feißt

Wir fielen aus dem Himmel. Die Maschine rollte auf der Landebahn aus: Sevilla, Hauptstadt der südlichsten Region Spaniens, Andalusien.
Als die Tür des Flugzeuges geöffnet wurde, kam warme Luft herein. In Frankfurt war Herbst: grau, feucht, kühl. In Madrid hingen noch dunkle Wolken über der Stadt und dem Flughafen, wo wir die Maschine wechselten. Wolkenloses Blau in Sevilla. Auf dem Weg in die Stadt säumten Palmen die Straßen. Dunkle Rosen wuchsen dem Stamm entlang. In einer Orangenplantage hingen goldene Kugeln an Bäumen. Das Ritual der Ankunft, Wechsel der Kleider. Sie sind auf Herbst eingerichtet. Treffen in der Hotelhalle. «Was machen wir jetzt?» Es geht gegen Abend, und eigentlich habe ich Hunger. «Es ist zu früh zum Abendessen», sagt Wolfgang. «In Spanien gibt es kein Abendessen vor 10.00 Uhr. Aber wir könnten einen kleinen Stadtbummel machen und dabei zwei oder drei Tapas zu uns nehmen.» Tapas klang gut. Ich fragte nicht weiter. Mir sollte es recht sein.
Wolfgang kennt sich aus. Er hat hier ein Semester studiert. Breite Straßen, repräsentative Gebäude. Ein lebhafter Verkehr und lebhafte

◂ *Hügel, Weite, Himmel: Andalusien*

Menschen um uns herum, laut, mit großen Gesten redend. Eine andere Welt: Andalusien.
«Du mußt einmal in der Semana Santa herkommen oder zu einer Feria. Die Spanier und vor allem die Andalusier sind großer Gefühle fähig. In der Semana Santa, der Karwoche, da leiden und büßen sie. Bei den Festen, da sind sie ebenso ausgelassen. Da kannst du die Pferde Andalusiens sehen und ihre stolzen Reiter. Und hinter ihnen, auf dem gleichen Pferd im Damensitz ihre Frauen in kostbaren Kleidern. Hier weiß man zu leben. Humor und Lebensfreude sagt man den Menschen von Sevilla nach. Fantasie und Übertreibung. Sevilla, so heißt es, das ist die Stadt der Anmut und überhaupt die schönste Stadt der Welt.
Die Sevillaner sind davon überzeugt und ich glaub es auch. Der griechische Held Herkules soll die Stadt gegründet haben in sagenhafter Zeit. Die Phönizier, die Griechen, die Karthager haben sich hier wohlgefühlt. Für die Römer hieß die Stadt Hispalis. In der Völkerwanderung kamen die Westgoten: Sevilla war die Hauptstadt eines westgotischen Reiches. 712 wurde sie von den Arabern erobert, und seit dem 13. Jahrhundert ist die Stadt spanisch.»
Das kommt mir merkwürdig vor: Eine Stadt auf der Iberischen Halbinsel, die erst seit dem 13. Jahrhundert zu Spanien gehört. Ich merke, daß ich nichts von spanischer Geschichte weiß, und nehme mir vor, bei nächster Gelegenheit Wolfgang zu fragen. Jetzt aber habe ich Hunger.
In einer Nebenstraße findet Wolfgang eine Tapabar wieder, in der er als Student oft einkehrte. Er erinnert sich, daß diese auf eine seiner Leibspeisen spezialisiert war. Wir treten ein, der Boden ist mit Sägmehl bestreut, Männer drängen sich um eine Theke, wir drängen uns auch. Zwei Finos bestellt Wolfgang. Fino ist der sehr trockene junge Sherry, der hier Jerez heißt, was wie Cheres ausgesprochen wird. Und dann zeigt mir Wolfgang die Tapas, die «Deckel», die hinter der Glasscheibe der Theke verlockend ausschauen. Wolfgang bestellt einmal Croquetas und Gambas al Ajillo. Es dauert ein wenig, dann bekommen wir das Bestellte, setzen uns an einen Tisch und essen. Meine drei Kroketten haben eine wohlschmeckende Fleischfüllung, die Gambas, die Krabben, liegen in heißem Olivenöl, das intensiv nach Knoblauch duftet. Wir essen, trinken unseren Fino. Ich frage: «Was essen wir jetzt?»
«Nichts, wir gehen weiter in ein anderes Lokal.» Das tun wir auch. Und dann erklärt mir Wolfgang, daß man in mehrere Lokale geht, um dort wieder andere Freunde zu treffen, anderen Fino zu trinken und andere Tapas zu essen.
«Warum heißt das denn Tapas, Deckel», frage ich. «Man sagt, früher hätten die Wirte, die Fino ausschenkten, ein Stück Brot oder ein Stück Käse, Wurst oder Schinken auf das Glas gelegt, damit keine Fliege hinein kam und kein Staub. Daraus habe sich dann die Gewohnheit entwikkelt, grundsätzlich zum Fino eine Kleinigkeit zu essen. Aber vielleicht sei das Ganze sehr viel älter, habe seinen Urgrund in der Leidenschaft der Araber für eine vielseitige Vorspeisentafel. Schließlich gäbe es diese Vielfalt rund ums Mittelmeer. Für den arabischen Ursprung spreche aber auch, daß die Mode der Tapas hier in Andalusien eine Hochburg habe. Von hier aus habe sich das tapeo, das Tapaessen, über ganz Spanien verbreitet.
«Weißt du», so sagt er weiter, «die Spanier kennen kein Frühstück wie wir, essen spät Mittag und spät zu Abend. Mittagessen etwa um 3 Uhr und Abendessen etwa um 10 Uhr, das habe ich dir aber schon gesagt. Da braucht man eine Kleinigkeit dazwischen, und da macht man tapeo. Um 12 Uhr, zu Beginn der Mittagspause, und abends um 7 Uhr, da sind die Tascas und Mesones voll. Das sind die Stunden des tapeo.»

Ich finde Geschmack an dieser Sitte. Da gibt es Hackfleischbällchen, frischen Thunfisch mit Bohnen, auf der Eisenplatte gegrillte Champignons, geschmortes Kaninchenfleisch, fritierte Gemüse, gefüllte Calamares und Tortillas, die die Leidenschaft der Andalusier zu sein scheinen. Tortillas: Im Grunde nichts anderes als Rühreivarianten, so wie zum Beispiel die klassische Tortilla española: In viel Olivenöl wird eine fein gescheibelte rohe Kartoffel und eine grob gehackte Zwiebel gedämpft, bis sie gar sind, dann schlägt man zwei Eier schaumig, mischt Kartoffeln und Zwiebeln darunter, gibt das Ganze zurück in die Pfanne, läßt es dort stocken und brät es auf beiden Seiten goldengelb. Das hat mich inzwischen die spanische Frau eines Freundes gelehrt. Aber zurück nach Sevilla. Nach dem dritten Fino und dem entsprechenden Tapa sagt Wolfgang, jetzt müßten wir aber aufhören, sonst hätten wir keinen Hunger mehr fürs Abendessen. Und in der Tat, es geht auf 10 Uhr zu. Die ersten Restaurants sind geöffnet und es duftet verführerisch.

Am anderen Morgen will Wolfgang mir die Stadt zeigen. Wir gehen den Weg von gestern abend, und dann sind wir wieder an der Kathedrale, die jetzt von goldenem Sonnenlicht übergossen ist. Wir treten ein durch ein Tor, das mir arabisch vorkommt, und stehen sofort in einem Hof, was sag ich, in einem Garten mit Orangenbäumen. Es ist schattig darunter. Breite Brunnenschalen versprechen in der frühen Hitze Kühlung. Es ist still in diesem paradiesischen Garten. Nur von ferne hört man den Verkehr vorbeirauschen. Hinter dem Grün der Bäume die gotische Fassade der Kathedrale. Der Boden ist mit Fliesen belegt, mit merkwürdigen Ornamenten. Das war einer der Innenhöfe der großen Moschee von Sevilla, auf deren Grundmauern die Kathedrale erbaut ist. Der Patio de los Naranjos.

«Du mußt dir den Duft vorstellen», sagt Wolfgang, «wenn im Frühjahr die Orangen blühen.» Wolfgang muß mich losreißen von diesem verwunschenen Ort voller Schönheit und Harmonie.

Und dann treten wir durch das Portal mit seinen gotischen Ornamenten und Figuren. Der Innenraum überwältigt mich, seine Weite und Höhe, in den menschlichen Proportionen der Gotik. Die Schiffe scheinen sich in der Ferne zu verlieren, die Pfeiler den Himmel zu erreichen.

«Die drittgrößte Kirche der Christenheit», sagt Wolfgang. «Aber schon die arabische Moschee war so groß und so überwältigend.» Ich bedaure, daß in die weite Halle der Coro und die Capilla mayor hineingebaut sind. Als Kirchen in der Kirche.

Er führt mich an den Altar in der Capilla mayor, der das größte Altarbild der Christenheit trägt. Geschnitzt und vergoldet mit tausend Figuren, 200 m^2: die Geschichten der Bibel. Fast hundert Jahre wurde daran gearbeitet. Jede einzelne der 45 dargestellten Szenen ein Meisterwerk.

In der Mitte der auferstandene Christus. Darunter die Mutter Gottes und weiter unten die Darstellung der Geburt. Innig. Schön. Flamen haben daran gearbeitet.

«Das mußt du noch sehen», sagt Wolfgang. Und wir gehen über den eleganten Fußboden aus blauem und weißem Jaspis. Er zeigt mir den Sarkophag mit den sterblichen Überresten des Christoph Kolumbus, getragen von vier spanischen Königen. Er stand ursprünglich in Havanna und wurde 1899 hierher gebracht.

«Das hat seinen Grund», sagt Wolfgang. «All diesen Reichtum und all diese Pracht, die du hier und in der Stadt siehst, verdankt Spanien dem Kolumbus. Du mußt wissen, der Fluß, der Guadalquivir war im 16. Jahrhundert, wie heute, vom Meer bis Sevilla schiffbar. Sevilla war der große Hafen, wo die Schätze der neuen Welt ausgela-

den wurden. Das war die große Zeit Sevillas, als es die Hauptstadt zweier Welten war.»
Beim Verlassen der Kathedrale fällt mir der gar nicht gotische Turm auf. «Der ist auch nicht gotisch», sagt Wolfgang. «Das ist das Minarett der ehemaligen Moschee. Allerdings mit christlichem Aufbau. Wir haben eine bestimmte Vorstellung von Minaretten, z.B. von den großen Moscheen in Istanbul her. Aber es gibt eben auch den viereckigen Turm als Ort, wo der Muezzin zum Gebet ruft.» Wunderschön sind die arabischen Ornamente, mit denen die Fassaden des Turmes aufgelöst sind.
«Er heißt Giralda», sagt Wolfgang, «und ist das Wahrzeichen von Sevilla, einer der schönsten Türme der Welt. Die Figur an seiner Spitze ist der Giraldillo, Symbol des Glaubens. Es gibt einem nur zu denken, daß dieses Glaubenssymbol eigentlich eine Wetterfahne ist.»

Und dann zeigt mir Wolfgang die wichtigsten Sehenswürdigkeiten der Stadt. Da ist der Alcazar, eine Festung und ein Palast aus maurischer Zeit. Die kastilischen Könige haben später darin gewohnt, haben den Palast umgestaltet, aber sie haben den Stil der maurischen Zeit beibehalten. Karl V. zum Beispiel, der in Spanien Karl I. heißt und einem wunderbaren Branntwein als Carlos primeros seinen Namen gibt, hat hier gewohnt. Und das heutige Köngishaus hat noch immer Privaträume in diesem Palast. Dann sehe ich das Haus des Pilatus, Casa de Pilatus. Auch dieser Palast in maurischem Stil. Sein Innenhof noch schöner als die des Alcazar. Der Mann, der ihn bauen ließ, hatte eine Reise nach Jerusalem gemacht. Und so glaubte das Volk, der Palast sei eine Nachbildung des Hauses des Pilatus.

Mich beeindruckt auf dem Paseo de Cristobal Colon die Torre del Oro, ein Turm, inmitten einer wunderschönen Anlage, der einst ganz mit Gold verkleidet war und den Reichtum und die Pracht Sevillas verkündete.
Im Schatten der Giralda beginnt der Barrio de Santa Cruz, das Viertel, das von den Leuten von Sevilla als ihr typischstes Viertel angesehen wird.
Wolfgang sagt, erstens würde man sich sowieso verlaufen und zweitens sei es viel schöner, Entdeckungen zu machen, also ginge man am besten planlos in dieses Viertel hinein. Es ist schön. Enge Gäßchen, schneeweiße Häuser, schmiedeeiserne Gitter, Kacheln mit typisch andalusischen Motiven, winzige Läden, Werkstätten, Heiligenbilder und immer wieder kleine Bars und Tascas. Und das Schönste, all die Blumen auf Fenstersimsen und Balkonen. Wenn man in einen Hinterhof hineinschaut, dann hat es noch mehr Blumen und plätschernde Brunnen.
Auf einem winzigen Platz stehen Tische im Schatten. Wir setzen uns zum Mittagessen. Es geht auf vier Uhr.

Wir fahren zum Meer. Über die Autobahn haben wir Sevilla verlassen und dann sind wir abgebogen auf die Nationalstraße: Wir wollen die Landschaft sehen. Es geht nach Süden durch eine Ebene mit flachen, sanft gewellten Hügeln. Ab und zu liegt in einiger Entfernung neben der Straße ein langgestrecktes Haus, dessen Mittelteil meist höher als die Flügel ist, eine Allee mit Zypressen führt darauf zu: Haziendas mit Herrenhaus und Wohnräumen für die Arbeiterfamilien, Großgrundbesitz ist in Andalusien üblich. Dann sehe ich in der Ferne auf der Kuppe eines etwas höheren Hügels schwarz und stilisiert einen Toro, einen Stier, wenn wir in eine Senke fahren verschwindet er, dann ist er wieder da, je näher wir kommen, desto größer wird er. Schließlich kann man eine Aufschrift lesen: Werbung für eine auch bei uns bekannte

Sherrymarke. Der Stier ist aus schwarzem Blech und riesengroß. Als nächstes taucht ein ebensolcher Torero auf und Wolfgang sagt: «Es ist nicht mehr weit bis Jerez.»
Und dann die ersten Weinberge. Die Bezeichnung Weinberg ist natürlich übertrieben. Der Anbau findet auf diesen sanften Hügeln statt. Der Boden, Kalkboden, der berühmte Alberiza, gleißt in der Sonne, strahlt Hitze zurück, teilt sie den Palomino-Trauben mit, die zu 90% hier wachsen, aus denen der Jerez bereitet wird. Die restlichen 10% sind die Traubensorten Pedro Ximinez und Moscatel. Aus ihnen entsteht süßer Dessertwein, mit dem der Jerez manchmal gesüßt wird. Auf 23.000 ha wachsen die Trauben für die Jerez-Herstellung im Dreieck Jerez de la Frontera, San Lucar de Barrameda und Puerto de Santa Maria, im Mündungsgebiet des Guadalquivir. «Man muß Jerez in der Weinlese besuchen, wenn vor der prächtigen Stiftskirche, die Vendimia, das Weinlesefest gefeiert wird», sagt Wolfgang. Jerez ist natürlich die Stadt des Weines, aber Jerez ist auch die Stadt der Cartujanos, der edlen Pferde Andalusiens, die ganz in der Nähe gezüchtet werden, merkwürdigerweise in einer ehemaligen Kartause, einem Kartäuserkloster.
Der Weinanbau in Andalusien geht auf die Phönizier zurück. Die Griechen und die Römer haben ihn übernommen. Die arabischen Mauren aber, denen der Koran das Trinken von Wein verboten hat, machten eine entscheidende Erfindung. Sie entdeckten die Destillation und damit die Herstellung des Stoffes, der arabisch al kuhl heißt, in reiner Form. Aus Al-Kuhl ist dann in unserer Sprache Alkohol geworden. Sie haben ihn für medizinische Zwecke benützt und in der Kosmetik. Die andalusischen Weinmacher aber fanden heraus, daß man mit Alkohol Wein haltbar machen kann. (Um Wein haltbar zu machen, setzen ihm z.B. die Griechen Harz bei, wodurch der Retsina entsteht!) Und damit war der Jerez erfunden. Bereits im Mittelalter genoß der Wein aus Jerez, dem man Alkohol zugesetzt hatte, hohes Ansehen. Als 1587 der berühmte Seeräuber in englischen Diensten, Sir Francis Drake, den Hafen Cadiz überfiel, erbeutete er 300 Fässer Wein aus Jerez. Er brachte sie nach England und von Stund an liebten die Engländer das Getränk, das sie zunächst «Sack» nannten, später dann Sherry (als englische Form von Jerez).
Das eigentliche Geheimnis des Jerez ist neben dem Alkoholzusatz, dem Aufspriten, eine spezielle Hefe, die bei der Vergärung auf dem Wein eine watteähnliche Schicht bildet und den Wein vor Oxidation schützt. Damit sich der Flor entwickeln kann, muß der Wein völlig vergoren sein und auf 15 bis maximal 16% Alkohol gebracht werden. Das Klima muß zugleich feucht und mäßig warm sein. Daher kommt die Bauweise der Bodegas in Jerez. Hohe, luftige Kellerhallen bieten im Sommer Kühle und lassen den Poniente, den Wind vom Atlantik herein mit seiner Feuchtigkeit vom Meer. Je näher am Wasser eine Bodega liegt, desto besser. Und das sind die einzelnen Stufen der Jerezherstellung:
1. Der Most der Palominotrauben muß völlig durchgären. Dann wird ihm so viel Alkohol zugesetzt, daß er 15,5% hat. Er wird in Eichenfässer gefüllt.
2. In denen lagert er ein Jahr. Dann prüft der Capataz Faß für Faß, Flor und Wein. Das Faß mit dem schönsten Flor wird Fino, Wein ohne Flor wird auf 18% aufgespritet und zum Oloroso ausgebaut.
Alte Finos werden zu Amontillados. Süße Jerez werden durch das Vermischen von Amontillado oder Oloroso mit Süßweinen hergestellt.
Es wird im Gegensatz zu den anderen Weinen kein Wert auf den Jahrgang gelegt. Der Jerez soll immer gleich schmecken.

Dafür sorgt das sogenannte Solera-System. Solera bedeutet, «die auf dem Boden liegen».
In der Bodega liegen die Fässer in Reihen übereinander. Aus der untersten Reihe wird abgefüllt. Aber aus der jeweils nächst oberen wird das Faß nachgefüllt. In die oberste Reihe füllt man jungen Wein nach. So prägen die jeweils ältesten die jungen Weine. Der Jerez bleibt immer gleich.

Die wichtigsten Sherry-Sorten sind
- Amontillado, gereifte Finos, bernsteinfarben mit kräftigem Geschmack
- Cream-Sherry, Oloroso mit Zusatz von Süßweinen, voller runder Geschmack
- Fino, sehr trocken, schmeckt am besten in den ersten sechs Monaten nach Abfüllung
- Manzanilla, besonders leichter Fino aus Sanlucar de Barrameda
- Manzanilla Pasada, rarer Amontillado aus Sanlucar, von sehr feinem Geschmack
- Oloroso, volle Weine mit viel Körper, mit Rosinen- und Nußaroma

Wir fahren an der Küste entlang Richtung Gibraltar, sind zu Gast bei einem deutschen Professor, der in einem der kleinen Küstenorte mit Blick nach Afrika sein drittes Lebensalter verbringt. Er lädt uns zum Fischessen ein in ein winziges Restaurant am Strand.
Er ist ganz ungehalten, weil der Fischer, der selber die Fische brät, heute einen ganz bestimmten Fisch nicht hat.
Wir kennen diesen Fisch nicht, wohl aber den, den der Fischer anbietet: Dorada, Dorade wie die Goldbrasse in Frankreich heißt. Die Frau des Fischers will ihn uns a la Sal zubereiten.
Sie putzt und wascht den Fisch, tupft ihn trokken, beträufelt ihn mit Zitrone und legt in sein Inneres einige Zweiglein Thymian und ein paar Knoblauchzehen. Dann nimmt sie eine feuerfeste Form, füllt sie etwa einen Finger dick mit Meersalz, legt den Fisch darauf und gibt so viel Salz dazu, daß er ganz bedeckt ist.
Die Form stellt sie in den vorgeheizten Ofen, in dem sie ihn 40 Minuten läßt. Dann nimmt sie den Fisch mitsamt der Salzkruste, die um ihn herum entstanden ist, aus der Form und trägt ihn uns auf. Sie öffnet die Salzkruste, nimmt den Fisch vorsichtig heraus, legt ihn auf eine Platte, dann entfernt sie die Haut und gibt die Filets auf die Teller.
Während des Backens hat sie die Romesco-Sauce bereitet, die wunderbar zu dem Dorada a la Sal schmeckt. Sie hat in einem Mörser geröstete und gemahlene Mandeln mit Knoblauch, Tomaten, Olivenöl und Sherryessig zu einer sämigen Sauce verarbeitet. Die gibt sie nun zu den Fischfilets auf unseren Tellern.
Natürlich gab es für uns vor diesem Fischgenuß einige Vorspeisen: Oliven, Anchovis, in Rotwein eingelegte Zwiebeln, in Olivenöl gebratene Fischbrut, Tintenfische vom Grill.

Unser Professor hatte ein Faktotum, einen jungen Kunstschmied aus der Nachbarschaft, der ihm nicht nur die allerschönsten andalusischen Gitter vor Fenster und Türen gesetzt hatte, sondern auch noch mit seiner Frau auf ihn, der als einsamer Junggeselle skurrile Lebensformen entwickelte, achtete und ihm Behördengänge und anderes abnahm. Der ließ sich nicht nehmen, die Gäste aus dem fernen Deutschland einzuladen. Natürlich war auch der Professor dabei. Der Ort der Einladung war ein Restaurant, dessen Spezialität Spanferkel aus dem Ofen war.
Nach den üblichen Vorspeiseherrlichkeiten kam das gebratene Tier aus dem Ofen. Es war gefüllt mit einer Farce aus Schweineleber, rohem Schinken, Oliven, hartgekochten Eiern und natürlich den entsprechenden Gewürzen.

Es war in einem gemauerten Ofen bei ganz geringer Hitze stundenlang geschmort worden. Das ohnehin weiche Fleisch des Spanferkels war auf diese Weise so mürb, daß es buchstäblich auf der Zunge zerging.
Wir aßen Weißbrot dazu und tranken den namenlosen roten Wein der Region, der ein ganz klein wenig nach Salz schmeckt, weil die Nähe des Meeres sich auswirkt.
Nach dem Essen nahm Pablo, der Kunstschmied, seine Gitarre, die er im Auto mitgebracht hatte, und sang uns Lieder seiner Heimat. Den Text verstand ich nicht, aber die Musik drückte Leidenschaft aus und Trauer. «Wie heißt diese Art von Lied», fragte ich den Professor.
«Flamenco», sagte er, «so wie der Tanz».
Der Professor ist ein Spezialist für Arabistik, und er ist deshalb die beste Adresse, um nach den Arabern zu fragen, die uns in Andalusien auf Schritt und Tritt begegnet sind und die offenbar ein wichtiges Element andalusischer Kultur bilden.
«Aber nur eines unter anderen», sagte der Professor, «denken Sie an die vielen Kulturen, die vorher da waren, die Phönizier, die Griechen, die Römer und die Westgoten und was danach noch kam. Jedenfalls, Sie wissen, daß etwa ab der Mitte des 7. Jahrhunderts die Araber, denen Mohammed ja einen neuen Glauben gegeben hatte, den Islam, in einem beispiellosen Siegeszug die Länder rund ums Mittelmeer bis nach Indien und bis zum Atlantik erobert haben. Noch waren sie nicht über das Mittelmeer gekommen. Im Jahre 711 haben sie dann die Meerenge von Gibraltar überquert und haben die Iberische Halbinsel erobert bis zu den Pyrenäen. Ja sie wären noch weiter nach Europa vorgestoßen, wenn Karl Martell sie nicht entscheidend geschlagen hätte. Jedenfalls, die Iberische Halbinsel war zunächst ganz unter ihrer Herrschaft. Es gab eine Reihe kleiner Emirate, sagen wir Königreiche, und in Cordoba gab es sogar für knapp 200 Jahre einen Kalifen. Aber dann kam von Norden her die sogenannte Reconquista, eine Art von Kreuzzug. Die christlichen Könige aus dem Norden, von Kastilien und Aragon, besiegten die kleinen Emirate eins nach dem anderen und vergrößerten ihren Herrschaftsbereich. Das letzte der Emirate war Granada. Es ergab sich 1492. Und dieser Erfolg war dann der Anlaß, einem Mann namens Christoph Kolumbus die Möglichkeit zu geben, etwas in den Augen seiner Zeitgenossen völlig Verrücktes zu machen, nämlich in den Westen zu reisen, um nach Indien zu fahren. Gehen Sie nach Cordoba und Granada. Dort können Sie sehen, was die arabische Kultur Großes geleistet hat.»

Wir waren am Abend angekommen. Es war dunkel. Die Straßen sahen aus wie Straßen überall. Jetzt war ein strahlend schöner Tag. Das Hotel, in dem wir übernachtet hatten, lag an einer Seite der Mezquita, der Hauptmoschee des alten Cordoba. Zwanzig Meter hoch ist diese Mauer, zinnenbewehrt. Wir gehen an der Mauer entlang auf der Suche nach einem Tor. Der Glockenturm, sechzig Meter hoch, das ehemalige Minarett, viereckig wie die Giralda. Das Tor daneben ist verschlossen. Wir müssen noch einmal um eine Ecke der Mauer herum, und dann finden wir eine offene Pforte, so breit, daß Menschenmassen eintreten können. Und wieder, wie in Sevilla, kommen wir in einen Orangengarten. Vielleicht doppelt so groß wie dort. Weiße Tauben flattern auf.
Brunnen plätschern. Es kommt mir in den Sinn, daß das Geräusch fallenden Wassers für Muslime zu den Freuden des Paradieses gehört. Wüstensöhne, für die Wasser immer ein kostbares Gut ist, das es niemals im Überfluß gibt. Dann stehen wir vor der eigentlichen Moschee. Die Fassade läßt neunzehn Schiffe erkennen,

nebeneinander, und neunzehn Tore. Die meisten sind zugemauert, einige verschlossen, ein einziges ist offen.
Einhundertachtzig Meter ist die Moschee lang, einhundertdreißig Meter ist sie breit.
Dann treten wir ein. Der Raum, durch den wir nun gehen, raubt mir den Atem. Ein Wald von Säulen, achthundertfünfzig sollen es sein. Verbunden sind sie mit arabischen Bogen, verstärken den Eindruck, in einem Wald von Palmen zu sein. Gedämpftes Licht fällt von oben durch die Bogen und Ornamente. Wieviel Gläubige hatten hier Platz?
Ich gehe zur Qibla, zur Grundmauer der Moschee, und dort ist der Mirab, die Gebetsnische in Richtung Mekka. Ist dieser Wald von Säulen schon ein einmaliges Erlebnis, der Mirab ist einzigartig in seiner Schönheit. Hier wurde der Koran aufbewahrt. Hier war der Platz des Vorbeters. Die Kuppel ist aus einem einzigen riesigen Marmorblock gemeißelt. Das goldene Mosaik mit blauen und roten Ornamenten und Schriftzügen, die Allah preisen, haben byzantinische Künstler hergestellt, die der Kaiser von Ostrom mitsamt den goldenen Steinchen dem Kalifen geschickt hat, als kostbares Geschenk. Neben dem Mirab ist die Maksura, der Platz des Kalifen. Ebenfalls geschmückt. Ebenfalls ein Meisterwerk. Hier nahm der Kalif am Gottesdienst teil. Von hieraus lenkte er die Gebete. Er hatte einen eigenen Zugang von seinem Palast in die Moschee, damit er nicht durch die Menge der Gläubigen gehen mußte. Und dann stelle ich mir vor, wie es war, wenn diese wunderschöne Halle gefüllt war mit den Männern in den langen arabischen Gewändern, die so ästhetisch sind, soviel schöner als westliche Anzüge. Und ich sehe ihre Rücken, die sie beugen im Gebet, ihre Hände, die sie aufheben zu Allah, und ich höre das «Allah akbar», das «Gott ist groß» aus vielen tausend Kehlen. Noch immer träumen die Muslime von Marokko bis Abudabi von dieser Moschee, die an Schönheit mit der großen Moschee von Damaskus und der Al Azhar-Moschee in Kairo wetteifert.
Und die die zweitgrößte Moschee überhaupt ist, nur die Moschee von Mekka ist größer.
In der christlichen Zeit ist ihr Gewalt widerfahren, nachdem 1236 Cordoba erobert war, wurde sie christliche Kirche, und 1532 kam das Domstift auf die Idee, eine Kathedrale in die Mezquita hineinzubauen. Karl V. grollte, als er das Ergebnis sah: «Was Ihr hier vollbracht habt, findet man überall, was zuvor hier war, gibt es sonst nirgendwo auf dieser Welt.» Das ist wahr.
Mitten in dem Säulenwald reißt plötzlich die Decke auf und es öffnet sich der Blick in den Himmel einer gotischen Kathedrale. Zuerst bin ich entsetzt und böse über soviel christliche Anmaßung, über die Zerstörung eines unwiederbringlichen Gesamteindrucks. Doch je länger ich in der letzten Bank sitze und schaue, desto mehr werde ich beeindruckt von dem Gegensatz zwischen der Weite der Moschee, die von einem das demütige Knieen zu verlangen scheint, und der Höhe der christlichen Kathedrale, die das emanzipierte Stehen fordert, das Stehen der Erlösten. Nie habe ich auf so engem Raum das Wesen von zwei Religionen so deutlich nebeneinander gesehen.

Wir sind auf den Turm gestiegen. Unter uns liegt der Patio de los Naranjos mit seinen fünf Brunnen, den Orangenbäumen und Palmen. Und die 19 Schiffe der Mezquita mit den hohen Mauern der Kathedrale dazwischen. Die Mauer, die alles umgibt, und dann geht der Blick über die Stadt: Cordoba.
Im 10. Jahrhundert war sie die zweitgrößte Stadt der Welt. Außer der Mezquita gab es noch dreihundert andere Moscheen. Es gab luxuriöse Paläste und Badehäuser für die ganze Bevölke-

Cordoba: Die uralte Römerbrücke führt über den Guadalquivir zur Stadt

rung. Es gab eine Kanalisation und es gab eine öffentliche Straßenbeleuchtung. Wie barbarisch primitiv waren die Verhältnisse in den wenigen damals schon existierenden Städten Mitteleuropas. Parallel zum materiellen Wohlstand war Cordoba eine Stadt des Geistes. Die Moschee war, wie im Islam üblich, nicht nur Bethaus, sondern auch der Ort für die Vorlesungen und Übungen einer Universität.
Die arabische Welt hatte die Kultur der von ihr eroberten Völker und Länder aufgenommen und bewahrt. Dies war vor allem das Erbe der griechischen und der römischen Welt. Es waren die Naturforscher des Altertums und deren Werke und die Philosophen, vor allem Aristoteles mit seinem System geistiger Ordnung.
Der Reichtum Cordobas hatte seine Grundlage in der weiten Ebene, die von arabischen Ingenieuren durch ein ausgeklügeltes Bewässerungssystem fruchtbar gemacht wurde. Daneben gab es Handwerker, vor allem war das Lederhandwerk von Cordoba berühmt.
Die spanischen Eroberer ließen diese Bewässerungsanlagen verkommen, die Quelle des Reichtums versiegte, sie verfolgten die arabischen Mauren und die Juden, die flohen aus dem Land. Cordoba sank in die Bedeutungslosigkeit. Erst zu Beginn dieses Jahrhunderts wurde die Campina, die Ebene, neu erschlossen und bewässert zum Wohl der Stadt Cordoba.
Eine gewisse Bedeutung hat immer noch die Leder- und Textilindustrie. Die Stadt hat heute 300.000 Einwohner.
Unmittelbar hinter der Moschee beginnt, wie in Sevilla, das alte Judenviertel. Ein Labyrinth von Gassen, von denen viele so schmal sind, daß man mit den ausgestreckten Armen die Wände rechts und links berühren kann. Auch hier ist der Boden der Straße mit Tonfliesen gepflastert. Die Wände sind weiß gekalkt. Die Fenster zur Straße haben wunderschöne schmiedeeiserne Gitter, und durch die Gittertore kann man hinein schauen in Patios, in die Innenhöfe, voller Blumen. Das ist der Ort, wo sich am Abend, wenn es kühl wird, die Frauen zu einem Plauderstündchen sammeln, während die Männer im Café ihr Treffen haben und die jungen Leute Paseo machen, auf den breiten Straßen der neuen Stadt flanieren. Irgendwo kommen wir an der alten, verlassenen Synagoge vorbei und dicht daneben ist das Denkmal des Maimonides, des großen Arztes und Philosophen, dessen Werke weit über den jüdischen Raum hinaus in der Philosophie des Mittelalters beachtet wurden.
Die Herrschaft der Mauren, die rund 800 Jahre dauerte, war für die Judenheit die längste Epoche der Geschichte nach Christi Tod, in der sie frei und unverfolgt leben konnte. Mit dem Ende der Maurenherrschaft war es aus mit dieser Freiheit. Die Christen Spaniens kannten keine Toleranz.

Aber wie finden wir aus dem Gewirr der Straßen wieder heraus? Wir fragen einen freundlichen älteren Mann, der vor seinem kleinen Laden steht. Er hat uns bei unserem Rundgang um den kleinen Platz bei der Synagoge zugeschaut. Er weist uns den Weg.

Wir sind wieder an der Mezquita angekommen. An der südöstlichen Ecke der Mauer ist ein Restaurant, sieht verdächtig nach einem Touristenlokal aus. Groß und mit gewissen Zugeständnissen geschmacklicher Art. An diesem Herbstmittag ist es nur mäßig besetzt: zu spät für Busse. Die Wirtin kommt an unseren Tisch, begrüßt uns in gebrochenem Deutsch. Dann bringt sie die Karte. Ich sage ihr, daß ich etwas essen will, was typisch ist für Cordoba. Das verwundert sie zunächst. Touristen achten auf anderes. Dann schlägt sie ein Salmorejo vor als

Vorspeise. Ich frage, was das ist. Sie sagt: «Eine Art Gazpacho.»
Ich weiß was Gazpacho ist, gleichwohl höre ich mir an, was sie mir erklärt: «Gazpacho, das ist die andalusische Antwort auf die unerträgliche Sommerhitze. Gazpacho, das ist eine kalte Suppe aus Gemüse. Sie löscht den Durst und gibt dem Körper alles, was er braucht. Gazpacho ist in jedem andalusischen Haushalt im Sommer ständig im Kühlschrank, so daß man sich bedienen kann als Erfrischung, als Tapa, als Vorspeise. Wenn du Gazpacho machen willst, dann mußt du Knoblauch nehmen, Salz, Olivenöl, Sherryessig und kaltes Wasser. Dann mußt du Brot von der Rinde befreien und das Ganze im Mörser oder Mixer zu einer Creme verarbeiten. Spar nicht am Essig. Je feiner der Essig, desto feiner das Gazpacho. Wenn das soweit ist, dann gib feingeschnittene Gemüse hinein: Tomaten, Gurken, Paprikaschoten und püriere diese auch. Und dann bekommst du dazu in einem separaten Schälchen, in einem Tropezone, geröstetes Brot und hartgekochte Eier und ganze Stücke von Gemüse, von Gurke, von Tomate und Paprika.»
«Tja, und Salmorejo?»
«Ach so, das ist ein dickflüssiges Gazpacho, ich püriere zum Beispiel auch die Eier dafür.»
Als ich das Salmorejo gegessen habe, gebe ich Zeichen von tiefer Zufriedenheit von mir. Die Wirtin schreibt mir stolz das Rezept auf einen Zettel.

Ach so, als Hauptspeise habe ich Rabo de Toro gegessen, ein wunderbares Ochsenschwanzragout, dem sich auch Wolfgang angeschlossen hat, nachdem er seine geliebten Gambas al Ajillo als Vorspeise genommen hatte.
«Und was nehmen wir jetzt, Wolfgang?»
«Du meinst als Dessert? Weißt du in einem Land, wo es so viele Früchte gibt und das zu allen Jahreszeiten, sind Desserts nicht gerade der Höhepunkt der Küche. Eis vielleicht.»
Das hatte es schon vor tausend Jahren hier gegeben, da haben die Mauren Eis von der Sierra Nevada bringen lassen und haben mit Eis vermischte Getränke «Granizados» und «Sorbets» bereitet. «Aber vielleicht macht uns die Señora einen «Flan de Naranja», einen Orangenpudding»? Er schmeckt himmlisch.
Natürlich möchte ich das Rezept wissen.
Die Señora erläutert mir, und natürlich merkt man ihr den Stolz an, von ihrer Kochkunst reden zu können.
«Du brauchst drei Orangen, 3 Eier, 70 g Zucker, 20 g Stärkemehl, 6 Scheiben kandierte Orangen. Den Saft der Orangen mußt du erhitzen und auf die Seite stellen. Dann werden die Eigelb mit Zucker und Stärkemehl verquirlt und nach und nach in den warmen Orangensaft gerührt. Das Ganze zurück auf das Feuer geben.
So lange rühren – bei ganz, ganz kleiner Hitze – bis die Creme dick wird. Wenn die Creme kalt ist, du verstehst, das Eiweiß schlagen, darunterziehen. Kalt stellen. Mit den kandierten Orangenscheiben verzieren. Voilà.»
Voilà hat sie gesagt, ganz unspanisch.

Wir fahren aus Cordoba hinaus über die Guadalquivirbrücke mit ihren sechzehn Bogen, deren Fundamente zur Zeit des Kaisers Augustus gebaut wurden und deren elegante Bogen den Mauren zu verdanken sind. Drunten im Fluß stehen drei Mühlen, Erinnerung an die große Zeit, als die Ebene eine Kornkammer war und die Höhen noch bewaldet.
Wir fahren nach Südosten, Granada zu. Wieder bin ich fasziniert von dem fast menschenleeren Land, Ebene, Hügel, einzelne Felsen, Wein und Oliven. Olivenbäume in langen geometrischen Reihen. Olivenbäume bis zum Horizont. Es heißt,

in Spanien wachsen 190 Millionen Olivenbäume. Schon im Römischen Reich war Spanien der wichtigste Olivenlieferant des ganzes Reiches. Spanisches Olivenöl wurde in Amphoren bis in den letzten Winkel des Reiches verschickt. Lange Zeit wurden die besten Oliven Spaniens von italienischen Ölfirmen aufgekauft. Heute haben sich die Spanier auf den Wert ihres eigenen Öles besonnen und liefern selbst in die EU. Das Land, durch das wir eben fahren, es ist die Provinz Jaen, ist wohl das größte zusammenhängende Olivenanbaugebiet der Welt. Olivenbäume wachsen auf 435.000 ha, das sind neun Zehntel allen hier verfügbaren Ackerlandes.
Olivenöl wird in der spanischen Küche nicht nur für Salate oder als Bratfett verwendet. Es ist Bestandteil vieler Speisen. In Andalusien wird es gern und viel zum Fritieren benützt, ja neben dem Gazpacho, das ja auch Olivenöl als wichtigen Bestandteil enthält, sind fritierte Fische und Gemüse eine weitere Spezialität der Küche.

Als wir nach Granada kommen, ist es Abend. Die Alhambra leuchtet rot in der untergehenden Sonne, macht ihrem arabischen Namen Ehre «al-qal-Alhambra», die «rote Burg». Es gibt viele Gründe, nach Granada zu fahren, aber vermutlich wäre keiner stark genug, so viele Touristen anzuziehen wie eben die Alhambra. Granada, das war die Hauptstadt des letzten maurischen Emirats auf spanischem Boden, und die Alhambra war der befestigte Palast des Emirs.
War die Mezquita in Cordoba eine der schönsten Moscheen der arabischen Welt, ist die Alhambra das eindrucksvollste, schönste, älteste und besterhaltene Schloß, ein wahrhaftes Märchenschloß aus Tausendundeinernacht. Wir haben in einem Hotel übernachtet, das in nächster Nähe der Alhambra liegt: vergangene Pracht des 19. Jahrhunderts, daran erinnernd, daß vor über hundert Jahren die Alhambra wieder entdeckt worden ist und daß ein romantisches 19. Jahrhundert in ihr ein Traumziel fand. Ein amerikanischer Schriftsteller namens Washington Irvin kam auf einer langen Reise durch Spanien hierher, sah die Alhambra und beschloß zu bleiben. Nur zu gern vermieteten ihm die Behörden einige Räume in dem verfallenden Schloß. Er schrieb Geschichten um die Alhambra, märchenhafte Legenden, in denen Boabdil, der König, traumschöne Haremsdamen und tapfere Krieger eine Rolle spielen. Geschichten von unerfüllter Liebe und Sehnsucht, von Trennung und Schmerz. Das Buch wurde ein großer Erfolg und war der Anfang des Granadatourismus.
Für mich begann der Tag mit einem etwas mysteriösen Erlebnis. Ich war soeben dem Bade entstiegen, hatte mich abgetrocknet und war nun gerade dabei meinen Körper einzuölen. Da wurde in panischer Weise meine Zimmertür aufgerissen, ein Zimmermädchen stürzte herein, sah mich, wurde rot, wurde blaß, schlug die Hände vors Gesicht und verschwand wieder. Kaum war die Tür wieder zu, klopfte es. Ich hatte inzwischen wenigstens Notdürftiges an, also öffnete ich die Tür. Draußen stand diesmal ein Señor in dunklem Anzug und Kravatte, wie es sich in einem Hotel dieser Art gehört, teilte mir mit, ich möchte bitte den Hörer meines Telefons abnehmen, es sei nämlich ein Gespräch für mich da. Das Telefon hatte bis zu diesem Zeitpunkt noch keinen Laut von sich gegeben. Ich nahm also den Hörer des Apparates ohne Wählscheibe ab, es knackte furchtbar, und dann meldete sich mein Freund Ruiz aus Malaga, der nach meinem Befinden fragte und seine Ankunft für den Nachmittag ankündigte.
Nach dem Frühstück, es war jenes kontinentale Frühstück, das es für viel Geld in den Hotels der Länder gibt, in denen Frühstück nicht zur Lebensgewohnheit gehört, gingen wir zur Alham-

bra. Das Erlebnis Alhambra zu schildern, würde die Möglichkeiten dieses Buches sprengen.
Sultanspaläste sind dreigeteilt. Da ist der Mexuar, wo die Untertanen den König sprechen konnten, wo Gericht gehalten wurde, der Diwan mit seinen Staatsräumen und schließlich der Harem, die Privaträume des Königs und seiner Frauen. Pracht ist im Mexuar zu allererst Repräsentation, Schauseite wie die goldene Fassade mit Arabesken und Schriftbändern. Auf bunten Kacheln kehrt der arabische Schriftzug immer wieder: «Gott allein ist der Sieger», der Wahlspruch des Königs, der ihn zur Demut ermahnen sollte, wenn er hier gemäß dem Koran und dessen Gesetzen Recht sprach. Ist der Mexuar repräsentativ, geeignet den Bittsteller, der sein Recht sucht, zu beeindrucken, der Diwan, der Serail, der Ort, wo der Sultan seine vornehmen Gäste empfing, er ist majestätisch, königlich. Zentrum dieses Bereiches ist der sogenannte «Myrtenhof» und in ihm ein großes Wasserbecken, umgeben von Sträuchern und schneeweißen Marmorplatten und an den Wänden Kacheln, Arabesken und Schriftbänder, Nischen, in denen man sich Polster vorstellen muß zum Sitzen. Kleine Nischen für Vasen mit duftenden Essenzen. Das beherrschende Bauwerk des Serails ist der Comares-Turm mit dem Saal, wo der König seinen Thron hatte, wo er Hof hielt, wo er Staatsempfänge gab, wo er Gesandte empfing. Nur durch geschickte Diplomatie gelang es den Königen von Granada, sich als letzte zu halten, nicht durch Krieg, nicht durch Gewalt. In einer der Nischen des Thronsaales steht geschrieben:

«Abends, so wie morgens,
töne Dir mein Glückwunsch
Herr entgegen
alles Heil sei immer mit Dir
alles Wohlsein
aller Segen.»

Niedrige Gebäude umgeben den Myrtenhof, hinter deren Gitterfenstern man sich Verwaltungsleute vorstellen mag. Von hier wurde das kleine Reich regiert. Und in den Spiegelungen des Wasserbeckens stelle ich mir den König vor wie Harun al Raschid, den Kalifen aus Tausendundeinernacht, der unerkannt durch Bagdad geht, die Guten belohnt und die Bösen bestraft.
Vieles von dem, was wir von den Arabern wissen oder zu wissen glauben, stammt aus den Märchen von Tausendundeinernacht. Die Sammlung «Alf laila walaila», «Tausendundeinenacht» ist typisch für die arabische Kultur.

Hat mich im Myrtenhof die große Erhabenheit des weiten Raumes beeindruckt, im Löwenhof ist es die Vielfalt, die Eleganz. Ist der Myrtenhof Staat, Öffentlichkeit, der Löwenhof ist ganz intim, ganz Bei-sich-sein. Ich habe nicht daran geglaubt, daß es so etwas geben kann, bevor ich den Löwenhof betrat. Jetzt kann ich diesen Ort nicht mehr vergessen. Diese Säulen, die wie Palmen stehen, schlanke Palmen, hohe Palmen, luftige Palmen, nicht wie die Säulen der Mezquita, die die Last des Himmels tragen, diese Säulen sind frei, leicht. Es fällt mir auf, daß die Säulen höchst ungenau nebeneinander stehen. Haben die Araber, diese leidenschaftlichen Mathematiker, ungenau gearbeitet? Und dann kommt mir in den Sinn, daß nichts Schönes in der Natur fehlerlos ist. Keine Blume, kein Käfer. Das Ungenaue ist das Organische, Lebendige, Schöne. Auch die Schönheit des Parthenontempels in Athen hat ihre Ursache in solcher Ungenauigkeit.

Im Osten und Westen des Hofes sind Säulenhallen, im Norden und Süden je ein Saal. Aus allen vier Räumen fließen kleine Bäche zum Löwenbrunnen. Es sind die vier Flüsse des Paradie-

ses, denn wie das Paradies war dieser Hof und der ihn umgebende Palast.
Harem bedeutet, ein unverletzlicher, ein unzugänglicher Ort. Harem, das ist der heilige Raum des Privaten, das ist der Raum, wo der Muslim mit seinen Frauen und Kindern zusammenlebt, ein irdisches Abbild des Paradieses. Wasserschalen stehen in den Sälen, darüber Kuppeln wie Sterne und in der Mitte der schönste aller Brunnen: eine steinerne Schale wird von vier Löwen getragen. Intime Feste muß man sich in diesem Hof denken. Der König, Sänger, Tänzerinnen, Märchenerzähler, Dichter.
Ein intimer Garten hinter dem Löwenhof, ein kleines Bethaus. Natürlich hat zur Alhambra auch eine große Moschee gehört. Sie wurde abgerissen, als Karl V., der Habsburger, der Kaiser in Deutschland war und König in Spanien, sein eigenes Schloß in die Alhambra hineinbaute.
In einer verschwiegenen Ecke des Parkes komme ich an die geschändeten Gräber der maurischen Könige. Abfall liegt darin, leere Coca-Cola-Dosen. Ein arabischer Spruch kommt mir in den Sinn:

«Des Lebens Elend dauert nur zwei Tage,
wie sie vergehen, ich will es dir jetzt nennen,
ein Tag, das Herz an dies und das zu binden
ein Tag, das Herz von dem und dem zu trennen.»

Am Abend treffen wir uns mit Ruiz. Nach dem Essen führt er uns auf den Albaicin, jenes Viertel von Granada, wo einst die erste maurische Ansiedlung war und das heute als der heilige Berg der Zigeuner gilt. Man geht hier hin, um jenen Tanz zu sehen, den man mit Andalusien verbindet, den Flamenco, aber er hat nichts mit Folklore zu tun. Um den Flamenco zu erlernen braucht man außer Talent eine gründliche Ausbildung, die oft jahrelang dauert. Flamenco kann man nicht einfach tanzen, sondern er verlangt – und da hat er viel mit dem Stierkampf zu tun – eine außergewöhnliche geistige Zucht und Beherrschung seiner Regeln.
Er ist nicht nur Tanz, zum Flamenco gehört ebenso wesentlich der Gesang und das Gitarrenspiel. Und was vom Tanz gesagt wurde, gilt für den Gesang und für die Beherrschung der Gitarre ebenso. Er braucht auch die intime Beziehung zwischen Publikum und Ausübenden. Das Anfeuern, den Zuruf. Er braucht die kleine Bühne, das Tablao, auf der die ganze Gruppe, das Cuadro Flamenco, versammelt ist. Da gibt es dann die Tänze einzelner Tänzerinnen oder Tänzer mit oder ohne Kastagnetten, die in Spanien Castanuelas heißen. Und die Paartänze, bei denen sich die Partner locken und umschwärmen, sich aber nie umfassen und im Tanz vereinigen. Gerade diese Paartänze erscheinen mir so wesentlich für den Flamenco zu sein. Da wird mit der Beziehung von Mann und Frau, mit der sexuellen Spannung gespielt, da wird gelockt und diese Spannung auf einen Höhepunkt geführt, aber die Zucht des Flamenco, die ein Symbol für die Moral ist, zwingt, nie eine bestimmte Grenze zu überschreiten. Ausdruck spanischer Gesellschaft, spanischer traditioneller Moralbegriffe, spanischer Katholizität. Da sind schließlich die Fandangos, die Soleares, Seguirrillas, die auf Gitarren gespielt werden, und dann die Lieder. Es ist ein unvergeßlicher Abend. Wir trinken Oloroso, den schweren süßen Jerez, aber eben nur wenige Gläschen, mit Nüssen als Tapa.

Am anderen Morgen fahren wir nach Süden, in die Sierra Nevada hinein, in deren Ausläufern Granada liegt, an das Meer, nach Salobrena, wo Peter, ein lieber Kollege und Freund, in seinem Haus auf uns wartet. Die Straße führt in Serpentinen kilometerweit bergauf. Über uns schneebedeckte Berge. Geröllfelder dominieren. Als wir uns einer Kurve nähern, in der sich ein

Alhambra: Löwenhof, vier Bäche fließen zum Brunnen, Symbole der vier Flüsse des Paradieses

Gebäude befindet, heißt uns Ruiz anhalten. «Das muß ich euch noch zeigen. Hier wird der echte **Jamon serrano** hergestellt.»
In einer weiten Halle hängen von der Decke tausende von Schinken.
«Es ist die Bergluft», sagt Ruiz, «die in solchen Secaderos dem Schinken einen Teil seiner Würze gibt.»

Als wir danach an der Bar stehen, einen unvermeidlichen Fino trinken und Schinken essen, erklärt uns Ruiz den Werdegang des echten spanischen Bergschinkens.
«Der **Jamon iberico** ist eine der begehrtesten Schinkenspezialitäten der Welt. In seiner besten Form stammt er von einem besonderen Schwein, hochbeinig, ähnlich dem Wildschwein, das im

Südwesten Spaniens, im lichten Wald von Stein- und Korkeichen lebt. Dieses Schwein kommt lange Zeit mit wenig Wasser und Nahrung aus und kann so die trockenen Sommer gut überstehen. Im Herbst aber frißt jedes Schwein täglich sechs bis zehn Kilogramm Eicheln und natürlich auch Wurzeln und Kräuter. Die Schweine haben eine dicke Fettschicht von den Eicheln, eine feine Marmorierung des Muskelfleisches und einen unvergleichlichen Geschmack. Im Spätherbst, mit etwa achtzehn Monaten, werden sie geschlachtet. Dann kommen die Schinken für eineinhalb Tage in grobes Meersalz. Dann hängen sie sechs bis acht Wochen in kalten Räumen und dann kommen sie hier in die Berge, in die Secaderos. Da bleiben sie über den ganzen Sommer. Durch die Hitze schwitzen sie Feuchtigkeit und Fett aus und verlieren so ein Drittel ihres Gewichtes. Wenn es im Herbst wieder kälter wird, kommen die Schinken in dunkle, kalte Keller. Jetzt beginnt der Reifungsprozeß durch den Schimmelpilz «Penicillium roqueforti». Wenn die Schinken reif sind, dann sind seit dem Schlachten eineinhalb bis zwei Jahre vergangen. Wenn das Fett nur von Eicheln stammt, dann tragen diese **Jamon iberica** die Bezeichnung **Bellota.** Es gibt auch die nicht offizielle Bezeichnung **Pata negra**, weil diese halbwilden Schweine schwarze Hufe haben. Aber nur 5% aller Schweine, die in Spanien geschlachtet werden, sind solche Wildschweine. Weil aber der Bedarf an dem guten Jamon viel größer ist, werden auch Schinken von normalen Zuchtschweinen zu Bergschinken verarbeitet. Sie dürfen dann die Bezeichnung **Jamon serrano** auch tragen, wenn sie nach der traditionellen Art wenigstens zwölf Monate getrocknet wurden. Für mich ist dieser spanische Schinken der beste von allen, die ich kenne.

Wir fahren über den Paß und dann hinunter Richtung Meer. Wo die Berge aufhören, beginnt die Huerta, die Ebene, mit Gemüse und Obst. An der Straße stehen Zigeunerkinder und verkaufen Cherimoya-Früchte. Ich kenne sie nicht und muß sie natürlich versuchen. Sie sehen aus wie grüne dicke Pinienzapfen, und das weiße Fleisch mit den dicken schwarzen Kernen schmeckt wie eine Mischung von Birne und Ananas.

Spanien ist einer der europäischen Hauptlieferanten von Obst und Gemüse.

Tortilla, Rezept S. 32

Tortilla
(Tortilla a la Andaluza)

1. *4 EL Olivenöl*
2 Zwiebeln, fein gehackt
4 grüne Paprikaschoten, von Stiel und Kerngehäuse befreit, in Streifen geschnitten
2. *2 EL Olivenöl*
5 Tomaten, in Schnitze geschnitten
1 Prise Zucker
3. *6 Eier, mit einer Gabel verklopft*
Salz, Pfeffer

Das Olivenöl erhitzen, Zwiebel und Paprika darin 10 Min. dämpfen.
Das Olivenöl von 2. erhitzen, die Tomatenschnitze darin wenden, bis sie zerfallen sind, würzen. Zum Zwiebel-Paprika-Gemisch geben.
Die Eier würzen, über das Gemüse verteilen. Beidseitig hellbraun braten. (Bild S. 31)

Krabben mit Knoblauch
(Gambas al Ajillo)

1. *500 g Krabben, geschält*
4 EL Sherry
2 EL Zitronensaft
2. *100 ml Olivenöl*
6 Knoblauchzehen, gepreßt
3. *1 Bund Petersilie, fein gehackt*
abgeriebene Schale einer Zitrone
Salz, Pfeffer

Die Krabben mit dem Sherry und dem Zitronensaft beträufeln, mindestens ½ Std. kühl stellen. Gut abtropfen und trockentupfen.
Das Öl erhitzen, den Knoblauch darin glasig dünsten, die Krabben beigeben. 5 Min. köcheln. Die Zutaten von 3. beigeben, 1 Min. dünsten. Mit Weißbrot servieren.

Ochsenschwanzragout
(Rabo de Toro)

1. *3 EL Olivenöl*
1,5 kg Ochsenschwanz, bei jedem Wirbel vom Metzger durchschneiden lassen
2. *100 g Schinkenspeck, in kleine Würfel geschnitten*
1 Knoblauchzehe, gepreßt
2 Zwiebeln, fein gehackt
3. *4 Paprikaschoten, wenn möglich grüne und rote, entkernt, in Streifen geschnitten*
1 EL Paprikapulver, süß
Salz, Pfeffer
2 EL Tomatenpüree
1 Lorbeerblatt
6 Tomaten, enthäutet, würflig geschnitten
½ l Rinderbrühe
4. *5 EL grüne Oliven*
100 ml Rahm
2 EL Schnittlauch oder Petersilie, fein gehackt

Das Olivenöl erhitzen, das Fleisch darin ringsum gut anbraten. Die Zutaten von 2. beigeben, mitdünsten. Der Reihe nach die Zutaten von 3. beigeben. Zugedeckt im auf 180° C vorgeheizten Ofen 1½ Std. schmoren lassen. Gelegentlich umrühren. Die Oliven beigeben, alles nochmals erhitzen.
Mit dem Rahm verfeinern, mit den Kräutern bestreut servieren.

Andalusischer Gazpacho
(Gazpacho andaluz)

1. *6 Scheiben Toastbrot ohne Rinde, getoastet*
2. *4 Eier*
   2 EL Milch
3. *2 EL Olivenöl*
   2–3 Knoblauchzehen, gepreßt
4. *3/8 l Gemüsebrühe (kalt, möglichst fettfrei)*
   5 EL Olivenöl
   2 EL Weißweinessig
   1/8 l Rahm
   1/2 TL Zucker
   Cayennepfeffer
   Salz, Pfeffer
5. *1 EL Olivenöl*
   2 Scheiben Toastbrot ohne Rinde, in Würfel geschnitten

Das Brot von 1. zerschneiden, in ein Mixgerät geben. Eier und Milch mit einer Gabel miteinander verschlagen.
Das Öl von 3. erhitzen, den Knoblauch darin dünsten. Die Eimasse beigeben, dick werden lassen, ebenfalls in den Mixer geben. Die Zutaten von 4. beifügen. Alles ganz fein pürieren, würzen, über Nacht kalt stellen.
Das Öl von 5. erhitzen, die Brotwürfel darin hellbraun rösten.
Den Gazpacho in gekühlten Suppentassen eiskalt servieren. Die gerösteten Brotwürfel darüberstreuen.

Andalusischer Gazpacho

Muscheln Seemannsart
(Almejas a la Marinera)

1. 3 EL Olivenöl
1 Zwiebel, fein gehackt
1 Knoblauchzehe, gepreßt
1 Scheibe Toastbrot ohne Rinde, zerbröselt
1 Tomate, geschält, ohne Kerne, fein zerschnitten
1 Ei, hart gekocht
2. 2 Dutzend Muscheln (Herz- oder Miesmuscheln), unter fließendem Wasser abgebürstet
1/4 l trockener Weißwein
Salz, Pfeffer
1 Büschel Petersilie, fein gehackt
1 Zitrone, in Scheiben geschnitten

Das Olivenöl erhitzen, Zwiebel und Knoblauch darin glasig dünsten. Brot, Tomate und das durch das Sieb gestrichene Eigelb dazugeben. Auf kleiner Flamme unter ständigem Rühren zu einem dicken Brei einkochen.
Die Muscheln dicht an dicht in eine entsprechend große Bratpfanne schichten (Schließmuskeln nach unten). Den Wein darübergießen. Aufkochen. Gut verschlossen ca. 10 Min. auf kleiner Flamme dünsten. Die Muscheln müssen sich nun geöffnet haben. Man hebt sie mit einer Schaumkelle aus dem Sud (geschlossene Muscheln wegwerfen). In einer Schüssel warm stellen. Den Sud durch ein Sieb zum Zwiebel-Tomatenbrei rühren. Aufkochen, würzen. Die Sauce über die Muscheln gießen. Das Eiweiß hacken, darüberstreuen, ebenso Petersilie. Die Platte mit Zitronenscheiben garniert servieren.

Muscheln Seemannsart

Andalusisches Kaninchen
(Conejo andaluz)

1. *4 EL Olivenöl*
   3 Peperoni (Paprika) entkernt, in Streifen geschnitten
2. *1 Kaninchen, in Ragout-Stücke geschnitten*
   3 Zwiebeln, in Streifen geschnitten
   2 Knoblauchzehen, gepreßt
   1/8 l Hühnerbrühe
   Salz, Pfeffer
3. *600 ml Wasser*
   Salz
   300 g Reis (z.B. Arborio)
   1 Brieflein Safran
4. *4 EL Sherry*

Das Öl erhitzen, die Peperoni-Streifen darin 5 Min. dünsten. Das Gemüse herausheben. Im gleichen Öl das Fleisch rundum hellbraun anbraten. Restliche Zutaten von 2. beigeben, würzen. Zugedeckt ½ Std. köcheln lassen.
Das Wasser mit dem Salz aufkochen, den Reis beigeben, mit dem Safran würzen, 15 Min. köcheln lassen.
Die Peperoni zum Fleisch geben, 5 Min. mitkochen. Sherry beifügen.
Den Reis in einer vorgewärmten Schüssel anrichten, die Fleischstücke und die Gemüse darauf verteilen.

Andalusisches Kaninchen

Kalbsnieren an Sherrysauce
(Riñones al Jerez)

1. 3 EL Olivenöl
2 Zwiebeln, fein gehackt
1 Knoblauchzehe, gepreßt
1 Lorbeerblatt
1 TL Mehl
100 ml Rinderbrühe
1 Bund Petersilie, fein gehackt
2. 2 EL Olivenöl
600 g Kalbsnieren, in fingerbeerengroße Stücke geschnitten
Salz, Pfeffer
3. 100 ml trockener Sherry

Das Olivenöl erhitzen, Zwiebel und Knoblauch darin glasig dünsten. Das Lorbeerblatt beigeben, alles mit dem Mehl bestäuben, mit der Brühe ablöschen. Auf großer Flamme eindicken. Ständig rühren. Die Petersilie dazugeben, noch einige Min. köcheln lassen.
Das Olivenöl von 2. erhitzen, die Nieren dazugeben, würzen. Einige Min. braten. Ständig wenden, damit sie ringsum hell werden. Die Nieren aus dem Fett nehmen und zu der Zwiebelsauce legen. Das Fett mit dem Sherry ablöschen, dabei den Bratenfond gut unter den Sherry rühren. Die Nieren dazugeben, die Zwiebelsauce darüberschütten und aufkochen lassen. Auf kleiner Flamme 2 Min. ziehen lassen, evtl. nachwürzen. Sofort auf einer gewärmten Platte anrichten. Safranreis und streifig geschnittenen Paprika dazu servieren.

Kalbsnieren an Sherrysauce

Andalusische Orangentorte

Andalusische Orangentorte
(Torta andaluza)

1. 400 g Mehl
Salz
1 EL Zucker
200 g Butter, tiefgekühlt, auf einer groben Reibe gerieben
1 EL Wasser
2. 12 Eigelb
200–250 g Zucker
150 g Mehl
3. 1 l Milch
1 Vanilleschote, längs aufgeschnitten
abgeriebene Schale von 3 Orangen
4. 100 g Puderzucker, durch ein Sieb gestrichen
4 EL Orangensaft
5. 2 Orangen, in Scheiben geschnitten

Das Mehl auf den Tisch sieben, Salz und Zucker beigeben, die Butterflocken darüberstreuen, mit dem Teigschaber alles rasch vermengen, das Wasser dazugeben. Zusammendrücken (nicht kneten). In ein feuchtes Tuch eingewickelt 1 Std. ruhen lassen.
Eigelb und Zucker miteinander schaumig rühren. Das Mehl nach und nach dazusieben, zu einem glatten Teig verarbeiten.
Zutaten von 3. miteinander aufkochen, zum Eigelb-Zucker-Mehl-Gemisch rühren. Alles wieder zurück in den Kochtopf geben. 1 Min. kochen lassen (rühren, brennt sonst an!). Vanilleschote auskratzen, entfernen.
Backofen auf 180° C vorheizen. Den Teig in der Größe eines Kuchenblechs (ca. 40 x 50 cm) ausrollen, das Kuchenblech mit einem Backpapier auslegen, Teig darauflegen, am Rand hochziehen, einstechen. Die Crème darüber verteilen. Ca. 30 Min. backen.
Zutaten von 4. miteinander vermengen. Den Kuchen noch warm damit bestreichen. Die Orangenscheiben schuppenartig darauflegen.

Biskuitrolle mit Rumcrème
(Brazo de Gitano)

Biskuit:
1. 4 Eigelb
2 EL Zucker
2. 4 Eiweiß
Salz

Eigelb und Zucker zu einer schaumigen Crème rühren. Das Eiweiß mit dem Salz ganz steif schlagen. Unter die Eigelb-Zuckermasse heben. Ein Backblech mit Backpapier auslegen. Die Biskuitmasse auf das Papier geben. Mit einem Spachtel so verstreichen, daß ein etwa 1 cm hohes Rechteck entsteht. Im auf 150° C vorgeheizten Backofen ca. 10 Min. backen. Die Ränder müssen leicht hellbraun sein. Auf einer Arbeitsfläche ein Küchentuch ausbreiten. Das Biskuit mitsamt dem Backpapier daraufstürzen. Das Backpapier sofort abziehen und den Teig zuerst auf einer Längsseite durch leichtes Anheben des Tuches, dann von Hand, zu einer losen Rolle wickeln. Beiseite stellen.

Füllung:
1. ½ l Milch
1 Zimtstange
1 Vanilleschote, der Länge nach aufgeschnitten
2. 2 Eigelb
2 EL Zucker
4 TL Mehl
1 EL Rum

Die Milch mit den Gewürzen aufkochen, zugedeckt beiseite stellen.
Die Zutaten nach 2. zu einer Crème rühren, dabei das Mehl nach und nach zugeben.
Die Gewürze aus der Milch nehmen. Die Vanilleschote gut auskratzen, Inneres beigeben. Die Milch nach und nach in die Crème rühren. Alles in den Kochtopf zurückgeben und auf kleinem Feuer, ständig rührend, zu einer Crème eindikken lassen. Vom Feuer nehmen, den Rum beigeben, gut durchmischen. Auskühlen lassen, von Zeit zu Zeit umrühren.
Das Biskuit auseinanderrollen, mit der Rumcrème bestreichen. Wieder aufrollen. Vor dem Servieren mit Puderzucker bestreuen.

Andalusische Erdbeeren
(Fresas andaluzas)

1. 500 g Erdbeeren
1 EL Orangenlikör (Grand Manier, Triple Sec oder Napoléon à l'Orange)
2 EL Zucker
2. 4 Eigelb
100 g Puderzucker
⅛ l Weißwein
Schale einer Orange, abgerieben
3. ⅛ l Rahm
4. Schale einer Orange, in ganz feine Streifen geschnitten

Die gewaschenen, entstielten Erdbeeren halbieren, in eine Schüssel legen, mit dem Likör beträufeln, den Zucker darüberstreuen, umrühren, ½ Std. kühl stellen.
Die Zutaten von 2. miteinander vermengt im Wasserbad zu einer schaumigen Crème schlagen (nicht kochen!). Abkühlen lassen. Mit dem ganz steif geschlagenen Rahm vermischen. Die Crème über die marinierten Erdbeeren anrichten, dann die Schalenstreifchen darüber verteilen. (Bild S. 39)

Andalusische Erdbeeren

Provence

Von Werner O. Feißt

Ich ahnte nichts von der Provence bis zu dem Tag, es muß um das Jahr 1947 gewesen sein, an dem mir mein Freund Waldemar mitteilte, er hätte sich verliebt. Für einen Menschen von knapp siebzehn Jahren, männlichen Geschlechts, war das auch damals eine durchaus natürliche Angelegenheit. Er schilderte mir, wie er im Institut de France – ich kannte das Gebäude bestens, denn knapp zweieinhalb Jahre davor ging ich im Zug meiner unbewältigten HJ-Vergangenheit noch in diesem Haus ein und aus – in der Bibliothek beim Suchen eines bestimmten französischen Werkes einer jungen Französin begegnet sei, die ein Problem mit der deutschen Sprache hatte und sich von ihm diesbezüglich hätte belehren lassen. Er hätte sich umgehend mit ihr zu einem Kaffee verabredet, von dort komme er jetzt und es sei überhaupt nicht zu leugnen, dies sei die Frau seines Lebens.

Natürlich ließ es sich nicht vermeiden, daß er kurz darauf seinen besten Freund, nämlich mich, «rein zufällig» bei einem weiteren Rendezvous dabei hatte. Selbstverständlich hatte ich etwas ganz anderes vorzuhaben und hatte

◀ *Dunkle Zypressen, Weingärten, Berge*

mich infolgedessen sofort wieder zu verabschieden, aber so begegnete ich Janine zum ersten Mal.

Sie war die Tochter eines Kaufmanns, studierte Deutsch, war zu diesem Zweck von der französischen Regierung nach Deutschland geschickt worden und stammte aus Avignon. Sie war blond und schmal und wunderschön, und ich verstand meinen Freund Waldemar hervorragend.

Wir waren oft beisammen. Sie erzählte von ihrer Heimat, und ich lernte die Provence kennen, die mir davor nichts bedeutet hatte. Ich lernte das Lied «Sur le pont d'Avignon», wo alle tanzen, alle Glieder der Gesellschaft, sie erzählte mir von den Päpsten und dem Lotterleben an deren Hof in Avignon, das der Dichter Petrarca so geißelte, von den überfüllten Wohnhäusern, weil alle Welt nach Avignon drängte, um am korrupten Papsthof etwas zu werden, und sie erzählte mir vom guten König René von Tarascon, in dessen Land es allen Leuten so gut ging. Sie erzählte von den endlosen Lavendelfeldern, von ihrem Duft und von dem Honig, den die Bienen aus den Blüten saugen, von dem Duft der Lavendeldestillerien, wo die getrockneten Blüten bündelweise verbrannt werden und wo sich das Lavendelöl im Kamin niederschlägt, von dem gelben Ginster, der die blauen Lavendelfelder umgibt und mit dem Lavendel um die Wette duftet, von den alten Abteien und ihren Mönchen, von den römischen Amphitheatern in Arles und in Nîmes, wo die Provenzalen ihre Art von Stierkampf kämpfen, genauso wie im Gehege hinterm Gasthaus, bei dem dem Stier nichts passiert, weil man ihm ja nur eine farbige Quaste, die er zwischen den Hörnern trägt, abreißen muß, gefährlich für den Menschen, nicht für den Stier. Sie erzählte von den Hirten der Provence, die in der heiligen Nacht nach Les Beaux ziehen, mit ihren Schafen, um dort in der Kirche der Barfüßer Weihnachten zu feiern. Und manchmal brachte sie eine Flasche von jenem roten Wein mit, der mir bis heute als einer der besten erscheint: den «Château-neuf-du-Pape», den Wein vom neuen Schloß des Papstes.

Seitdem träume ich von der Provence ...

Nun war Janine nicht allein in die französisch besetzte Zone geschickt worden, um deutsch zu lernen und an einer deutschen Schule Französischunterricht zu erteilen als Praktikum für ihr bevorstehendes Examen als Deutschlehrerin. Es war eine ganze Gruppe von Französinnen und Franzosen, die in Freiburg und Umgebung zugleich lehrend und lernend tätig waren. Zu den Abenden bei Waldemar kamen, von Janine mitgebracht, auch andere junge Französinnen. In Erinnerung ist mir die Nichte des damals höchsten Besatzungsgenerals und die Tochter eines der bekanntesten Autoren des Existentialismus. Wir kamen zusammen, um – auf deutsch – französische und deutsche Literatur zu lesen und zu diskutieren. Ich habe unendlich viel dabei gelernt. Weit mehr jedenfalls als in der Schule, die ich damals ja noch besuchte.

Eines Tages war eine rundliche, sanfte Bretonin dabei mit schwarzem Haar, die mir überaus gut gefiel. Und so verliebte auch ich mich in einen französischen Oberleutnant, denn diese Mädchen hatten alle einen militärischen Rang, um juristisch Teil der Besatzungsarmee zu sein. Obwohl das Mädchen Anique, was die Dialektform von Annele ist, Bretonin war, kam ich durch sie zu einer zweiten Begegnung mit der Provence. Denn – erlassen Sie mir die Einzelheiten – bei einer bestimmten Situation erklärte mir Anique, es gehe ihr wie der Ziege des Monsieur Seguin. Daß die Ziege des Monsieur Seguin der Titel einer Geschichte war, wußte ich. Daß diese Geschichte zu den «Briefen aus meiner Mühle» gehört, bekam ich durch geschicktes Fragen

bei der Freundin meines Freundes heraus und daß der Autor dieser Briefe ein provenzalischer Dichter namens Alphonse Daudet war, auch. Also, was lag näher, wenn man als ungeduldiger Liebhaber wissen wollte, wie es der Geliebten ginge im Hinblick auf gewisse eben diese Liebe betreffenden Umstände? Ich eilte ins Institut de France, lieh mir bei Annemarie, der Generalsnichte, sie hatte gerade Bibliotheksdienst, den Daudet aus und setzte mich, um keine Zeit zu verlieren, in den Lesesaal. Natürlich las ich zuerst die Geschichte von der Geiß. Sie hatte sich vorgenommen, solange Widerstand gegen den Wolf zu leisten, bis die Sonne aufgeht. Das tat sie die ganze Nacht hindurch, und als die Sonne aufging, hat sie sich ohne weitere Gegenwehr fressen lassen.
Aha. Nun wußte ich also Bescheid. Aber, ich konnte nicht aufhören zu lesen. Zu gut hat Meister Daudet erzählt. Ich habe an jenem Nachmittag sämtliche «Briefe aus meiner Mühle» gelesen und mich von Daudet noch mehr für die Provence verzaubern lassen.

Auch diese Epoche ging vorbei. Anique kehrte nach Frankreich zurück, machte ihr Examen und wurde vergessen. Janine kehrte auch zurück. Waldemar ging mit ihr, um seinerseits in Paris zu studieren. Die beiden haben geheiratet und haben ein Leben lang miteinander gelebt. Glücklich! Aber das nur nebenbei.
Mir blieb das Fernweh nach der Provence.
Einige Jahre später, ich hatte eben mein Examen gemacht, war wohlbestallter Junglehrer an einer Schule im Kaiserstuhl, fragte mich mein Freund Gerd, ob ich Lust hätte, mit ihm in die Provence zu reisen. Ich hatte Ferien, ich hatte ein wenig Geld, und da war diese alte Sehnsucht. Wir fuhren also mit dem Zug in die Provence, wer hatte schon um 1952 herum ein Auto. Wir fuhren am Abend los, mit einem Bummelzug nach Mülhausen im Elsaß. Dort erreichten wir, es war schon gegen Mitternacht zu, den Nachtschnellzug nach Süden. Es waren uralte Eisenbahnwagen, die den Krieg in irgendeiner Form mitgemacht hatten. Schmutzig und verbraucht. Gerd lag im Gepäcknetz, ich hatte meine Füße auf die gegenüberliegende Bank gelegt, eine Zeitung darunter natürlich. Während der Nacht wurde ich immer wieder wach. Reisende stiegen zu und stiegen aus, mußten über meine ausgestreckten Beine klettern, taten dies ohne Protest. Ich hatte ein schlechtes Gewissen und schlief immer wieder ein. Dann wurde ich wach. Der Zug stand. Irgendjemand verhandelte lautstark. Ich öffnete das Fenster. Warme Luft strömte herein. Der Himmel war blau. Die Sonne schien. Es roch anders als daheim. Dann fiel mir das Licht auf mit seiner besonderen Klarheit, zum ersten Mal das Licht der Provence. Ich habe Gerd geweckt. Er verstand meine Begeisterung nicht, er war einfach noch müde. Eine halbe Stunde später kamen wir in Avignon an. Da wollten wir aussteigen. Janines Geschichten waren wohl bestimmend bei der Wahl dieses ersten Ziels. Gegenüber dem Hauptbahnhof war eine Art Stadttor. Wir gingen in die Stadt, versuchten Janines Eltern Guten Tag zu sagen. Sie waren nicht da. Wir kauften ein Frühstück: Weißbrot und Käse und Tomaten, und dann saßen wir im Park hinter dem Papstpalast, ließen es uns schmecken und schauten hinab auf die Rhone und auf die berühmte Brücke. Niemand hat darauf getanzt. Die Rhone strömte breit und behäbig. Auf dem anderen Ufer lag der Weinberg des Papstes. Gerd drängte auf einen Besuch im Papstpalast. Er war enttäuschend. Nackte Mauern, kahle Räume. Von päpstlicher Herrlichkeit keine Spur. Die Geschichte vom Maultier des Papstes kam mir in den Sinn. Ich habe sie Gerd erzählt. Er fand sie nicht lustig. Wahrscheinlich hatte ich

die Pointe verdorben. Es ist die Geschichte vom Papst, der sein Maultier über alles liebte und an den sich ein Höfling heranmachte, indem er das Maultier über alles zu lieben vorgab. In Wirklichkeit plagte er das arme Tier, wo immer er konnte. Eines Tages zog er es sogar hinter sich über die Treppe hinauf auf die höchste Zinne des Palastes. Es mußte mit dem Kran heruntergelassen werden. Der Papst war sehr traurig, daß sein geliebtes Maultier solche Sachen anstellte. Daß der Höfling schuld daran sein könnte, kam ihm nicht in den Sinn. Ja er schickte ihn sogar in einer besonders wichtigen Mission nach Rom. Sieben Jahre blieb er dort. Sieben Jahre lang sann das tief verletzte Maultier auf Rache und übte einen besonders hinterhältigen Tritt ein. Dann kam er aus Rom zurück, begrüßte den Papst und fragte sofort in seiner Falschheit nach dem Maultier. Der Papst selbst, gerührt über so viel Tierliebe, führte ihn in den Stall zu seinem Maultier. Da gab das Maultier dem Höfling einen ungeheuren Tritt, und bis heute sagen die Leute in der Provence, so behauptet Daudet, von einem, der nachtragend ist, der hat ein Gedächtnis wie das Maultier des Papstes.

Wir fuhren nach Tarascon und wir fuhren nach Arles, wir fuhren nach Nîmes. Wir sahen die fruchtbaren Felder der Provence, wo Melonen wuchsen, rund und süß, und Tomaten und Auberginen und Artischocken, wir sahen die Pappeln wie Flammen in der Ebene stehen, wir sahen die Zypressenhecken, mit denen die Provenzalen ihre Äcker vor dem Mistral, dem Nordwind, schützen, wir sahen die wunderschöne Stadt Arles, die ich seitdem liebe, mit der Kaiserkirche St. Trophime und ihrem wunderbaren Portal.

Wir besuchten in Arles einen Stierkampf und träumten uns in der römischen Arena zurück, in die Zeit, als dies die römische Provincia Transalpina war.

Wir wohnten in kleinen billigen Hotels, lebten von Brot und von Käse, von Früchten und Orangensirup, den wir uns in der kleinen Bar an der Straßenecke bestellten, und die Provence war so, wie ich sie mir vorgestellt hatte, wie sie Janine geschildert hatte und die Provenzalen waren so sympathisch und nett mit uns zwei Deutschen, sechs Jahre nach dem Krieg. Mit jedem Tag, den wir in der Provence verbrachten, wurde unser Lebensgefühl provenzalischer, südlicher. Hatten wir am Anfang noch das Muß bestimmter Sehenswürdigkeiten, schauten wir uns zum Schluß nur gerade das noch an, was uns aus irgendeinem Grund gefiel. Was mir vor allem auffiel, waren die wunderschönen Mädchen der Provence. Das heißt um es genau zu sagen, die Frauen hatten etwas gemeinsam mit den Melonen, die wir täglich aßen. Wenn sie jung waren, hatten sie etwas von der Fülle dieser Melonen und den Hauch einer Ahnung, wie vergänglich diese Schönheit sei. Waren sie indes etwas älter, sagen wir über fünfundzwanzig, so war diese Schönheit vergangen, sie waren dürr und herb.

Gerd und ich fuhren ans Meer, fuhren durch die Camargue. Ich glaube, diese Eisenbahnlinie gibt es gar nicht mehr. Sie endete in einem kleinen Fischerdorf, namens Le-Grau-du-Roi.

Der Bahnhofsvorplatz bestand aus Sand. Die Straßen bestanden aus Sand. Das ganze Le-Grau lag rechts und links eines breiten Kanals, der am Nordrand der Camargue entlangführt. Es gab eine Brücke, um vom einen Ortsteil in den anderen zu kommen. Es gab zwei Molen mit jeweils einem Leuchtturm. Am Abend fuhren die Fischerboote hinaus, am Morgen waren sie wieder da mit frischem Thunfisch. Die Unterhaltung der Dorfbevölkerung und der Fremden bestand darin, vom einen Leuchtturm zurück zu wandern ins Dorf, über die Brücke zu gehen und zum anderen Leuchtturm nach vorn. Und das immer wieder. Man muß sich vorstellen, es war Mitte Juli. Es gab eine Handvoll Fremde. Wir bekamen im Hotel ohne Problem Zimmer. Glückliche Zeiten, damals vor fünfundvierzig Jahren. Wir blieben eine Woche, zum Baden, zum Spazierengehen in der Camargue, wo die wilden Stiere und die wilden schneeweißen Pferde herumlaufen und wo wie rosa Wolken Flamingos aufsteigen und wieder landen, um im flachen Wasser zu fischen.

Dann fuhren wir nach Marseille, wohnten zwei Häuser vom Büro der Légion Etrangère entfernt, ließen uns von Landsleuten mit dem weißen Käppi zum Drink einladen und durchstöberten den alten Hafen, gingen hinauf zur Notre Dame de la Garde, sahen die traumhafte Stadt zu unseren Füßen liegen und das Château d'If, wo der Graf von Monte Christo eingekerkert gewesen war.

Wir fuhren nach Aix, fanden die Stadt sehr still und wenig aufregend, sahen Lavendelfelder, atmeten ihren Duft, und unsere letzte Station war dann Cassis, jener Ort östlich von Marseille, von dem der Dichter Mistral sagt: «Hast du Paris gesehen, dann hast du nichts gesehen, wenn du Cassis gesehen hast, hast du die Welt gesehen.»

Als ich am frühen Morgen nach der Reise die Straße zu unserem Haus hinauf ging, sagte meine Tante, die es wissen mußte, hatte sie doch lange Jahre in Italien gelebt, zu meiner Mutter: «Schau, Olive, er kommt aus dem Süden, man sieht es ihm an.»

Häuser in der Camarque

Zwanzig Jahre hat es gedauert, bis ich wieder in die Provence fuhr. Diesesmal mit meiner Frau und einem Kollegen. Wir fuhren mit dem Wagen durch, mit kleineren Stops natürlich, um etwas zu essen und zu trinken, und als ich hinter Avignon die Autobahn verließ, war ich rechtschaffen müde. Man fährt durch Alleen von Platanen, begleitet von kleinen Kanälen. Rechts und links sind Felder, aber man sieht nicht weit, eben nur bis zur nächsten Zypressenhecke. Als ich nach St. Rémy kam, dämmerte es bereits. Übrigens von St. Rémy muß ich eine merkwürdige Begegnung erzählen, die ich einige Jahre später hatte. Bei St. Rémy gibt es ein altes Kloster, St. Paul de Mausole. Kirche und Kreuzgang sind erhalten. Es lohnt sich, sie zu besuchen und dabei einige Gedanken an einen Mann zu verschwenden, der in St. Rémy geboren ist: Michel de Nostredame, der als Nostradamus bekannt geworden ist und an dessen Prophezeiungen bis heute herumgerätselt wird. Es ist ihm gelungen, sie so zu verschlüsseln, daß man sie erst versteht, wenn die prophezeiten Ereignisse bereits eingetreten sind. Auf alle Fälle hat er es auf diese Weise geschafft, als überaus zuverlässiger Prophet zu gelten.
Aber wegen ihm geht man nicht nach St. Paul. Man schaut die schöne romanische Kirche an und den Kreuzgang und denkt daran, daß in den neueren Gebäuden, die zum Klosterkomplex gehören, eine Irrenanstalt untergebracht war. Ihr berühmtester Insasse war Vincent van Gogh, den man hierher brachte, nachdem er sich im Zustand geistiger Verwirrung mit dem Rasiermesser ein Ohr abgeschnitten hatte.
Heiner und ich standen eines Tages am Zaun der Anstalt, redeten über van Gogh und sein Schicksal, über den Maler, dessen Gemälde heute für Millionen verkauft werden und der zu seinen Lebzeiten nie ein einziges Bild verkaufen konnte. Was muß in einem Künstler vorgehen, der nie den mindesten Erfolg hat? Da hörten wir plötzlich Stimmen. Im Garten saßen Frauen, vielleicht zehn oder fünfzehn, alle in einer einheitlichen Tracht. Blau-weiß-gestreifte Kleider, dunkelblaue Schürzen, Strohhüte mit breiten Krempen, und sie sangen mit ihren alten, brüchigen Stimmen das Chanson «Parlez-moi d'amour». Ein Frühlingsmorgen, eine warme Sonne, ein blauer Himmel, das Grün des Frühlings, Blumen und dieses «Parlez-moi d'amour» der Vergänglichkeit!
Aber zurück zu jenem Abend, als wir von der Autobahn herkamen und in St. Rémy abbogen in die Alpilles hinein. Ich wollte in Les Beaux übernachten. Ich hatte von dem wunderschönen Hotel gehört, das es in Les Beaux gibt. Man fährt in Serpentinen vorbei an der römischen Ausgrabungsstätte Glanum, hinauf auf den Grat der Alpilles, der nur wenige hundert Meter hoch ist und doch so hochalpin wirkt. Links vom Paß liegen die Ruinen der verlassenen Stadt Les Beaux, rechts geht es hinunter und man kommt auf den großen Parkplatz des Hotels. Mercedes und Porsche und BMW und Rolls Roys standen dort. Es hätte mir zu denken geben sollen. Ich stellte meinen bescheidenen Opel daneben und stieg aus, müde wie ich war. Ein Parkwächter, wie ich glaubte, kam und fragte nach unserem Begehr. Ich nannte ihm meinen dringenden Wunsch nach Zimmer, Dusche, Abendessen, Bett in dieser Reihenfolge. «Nein», sagte er, man könne uns hier nicht helfen, man sei komplett, aber wenn er mir behilflich sein könnte. Ich dankte, stieg wieder ein. Meine Frau und mein Kollege waren gar nicht erst ausgestiegen. Ich fuhr weiter, hinunter in das kleine Tal, das zwischen den Felszügen der Alpilles liegt. Inzwischen war es ganz Nacht geworden. Ich entdeckte einen langgestreckten Bau, der sich als Restaurant herausstellte. Ich fuhr vor, stieg aus. Diesmal folgten meine Frau und mein Kollege,

den ich Fritz nennen möchte. An der Theke wurden wir von einer Dame begrüßt. Ihr nannte ich meine Wünsche. Sie bat uns einen Augenblick zu warten, telefonierte, und nach kurzer Zeit erschien – der Parkwächter vom oberen Hotel. Er sagte, ohne einen Vorwurf, ich möge ihm mit meinem Auto folgen. Wortlos stiegen wir in unser Auto. Ich fuhr hinter ihm her. Es ging weiter das Tal hinunter, dann bogen wir in einen Park ein. Er hielt, läutete an einer Glocke, kam dann zu mir und sagte mir, die Dame des Hauses würde gleich kommen und mir die Zimmer, das weiße, das grüne und das rote zeigen. In der Tat, eine freundliche Dame erschien, begrüßte uns und führte uns an dem Schlößchen entlang. Durch ein Fenster sah ich eine große Bibliothek mit vielen alten Büchern. Auf einem Schreibpult lag ein Totenschädel, daneben eine Sanduhr. Es war wie die Dekoration zu einem Gruselfilm. Sie öffnete eine Tür. Wir kamen in einen Raum, ganz in dunkelrot mit dunkelbrauner Holztäfelung, Muranospiegel hingen an den Wänden. In der Mitte stand ein wunderschönes Renaissancehimmelbett mit dunkelrotem Baldachin aus schwerer Atlasseide. Das Bett, das sehr hoch war, konnte man mit einem kleinen Treppchen besteigen. In einem Buchregal standen zahllose Jahresbände der englischen renommierten Medizinerzeitschrift «Lancet». Ich entschied, «Fritz, das Zimmer nimmst du». Das nächste Zimmer war grün und modern, hatte zwei getrennte, niedrige, angenehme Betten. Das nahmen meine Frau und ich. Wir gingen noch einmal fort zum Abendessen in das Restaurant. Wir aßen sehr gut. Dann kehrten wir zum Schlößchen zurück. Fritz ging in sein rotes Gemach, wir in unser grünes. Ich war unendlich müde. Während ich einschlief, lief eine Maschine an. Ich dachte an Fritz und daß der wohl jetzt Angst hatte, allein in seinem dunkelroten Himmelbett im dunkelroten Raum mit der Chirurgenzeitschrift. Als ich wach wurde, schien die Sonne herein. Draußen im Garten war der Tisch gedeckt mit Kaffee und Milch und allem, was einem morgens das Herz erfreut: gekochte Eier, Wurst, Käse, Honig, Butter, frische Brötchen, kräftiges Bauernbrot, Honigkuchen und eine Art Gugelhupf. Im Garten blühten Kirschbäume, schneeweiß vor dunkelgrünen Zypressen.

Fritz hatte tatsächlich Angst gehabt, gestand er mir später.

Am nächsten Tag hatte ich mir vorgenommen, meiner Frau Arles zu zeigen. Jahrelang hatte ich ihr vorgeschwärmt, wie schön die provenzalischen Mädchen sind. Aber ich hatte meine Rechnung ohne den Zeitgeschmack gemacht. Inzwischen hatte der Wahnsinn des Dünn-sein-Wollens um jeden Preis auch die Provence erreicht. Und Schlanksein steht den provenzalischen Mädchen nicht. Waren sie früher Ende Zwanzig dürr und herb, jetzt sind sie es auch schon vorher.

Irgendwann habe ich auch den Vater von Janine kennengelernt. Er hat mich mitgenommen zu einer seiner Lieblingsbeschäftigungen, zum Petanquespielen. Boule nennt man es auch. Es wird mit eisernen Kugeln gespielt. Für mich ist es der Ausdruck südländischer Muße. Was mir besonders daran gefällt, ist, man braucht keine eigene Bahn dazu, sondern irgendwo auf einem nichtasphaltierten Gehweg, auf einem naturbelassenen Platz kann man es spielen. Da stehen sie dann, die provenzalischen Mannen, haben Baskenmützen kühn auf dem Kopf, die Gauloise klebt an der Unterlippe und sie spielen hingebungsvoll Boule. Sie brauchen noch nicht einmal eine Beiz, um Boule zu spielen. Dafür nehmen sie das Spiel ganz ernst. Zwei Parteien werden gebildet, und es geht darum, welche Partei eine ihrer Kugeln am nächsten an die winzige Holzkugel, die das Ziel darstellt, heranbringt. Es ist ein rein männliches Spiel. Nie habe

ich eine Frau im Kreis der ernsthaften Männer gesehen, die mit größter Akribie den Abstand der Kugeln messen. Vielleicht ist das Spiel auch ein Symbol. Vielleicht sind die eisernen Kugeln männlich und die kleine hölzerne Kugel, das Ziel, weiblich? Und die männlichen Kugeln drängen sich um die weibliche, um sie zu erreichen. Wenn alles entschieden erscheint, dann kommt eine kühne Kugel und entführt das Ziel und alles ist wieder anders. Spiel als Symbol des Lebens.

Sie nehmen mich ohne weiteres in ihren Kreis auf und lassen mich mitspielen, mich, den Fremden. Das ist kein Wunder, gelten doch die Provenzalen in ganz Frankreich als ein besonders freundlicher und zuvorkommender Menschenschlag, dem ein ganz klein wenig der Geruch von Unzuverlässigkeit anhängt und die Tendenz, große Worte zu machen, was man grade beim Boulespiel gut beobachten kann. Die meisten haben dunkle Haare, aber es sind auch ein paar blonde darunter. Während ich darauf warte, mit dem Spielen an die Reihe zu kommen, schaue ich mir den Gesichtsausdruck meiner neuen Freunde an. Wie unterschiedlich ist er doch, spricht von all den Völkern, die im Laufe der Geschichte ihren Beitrag zur provenzalischen Bevölkerung geleistet haben. Schon die ursprünglichen Bewohner, die Ligurer, waren vermutlich keine einheitliche Bevölkerung. Dann kamen Griechen, gründeten Massalia, will sagen Marseille, und hatten Niederlassungen an der ganzen Küste entlang. Antibes zum Beispiel. Dann kamen die Kelten das Rhonetal herunter und die Griechen, die als friedliche Handelsleute keine Heeresmacht unterhielten, riefen die Römer zu Hilfe. Die Römer machten aus dem Gebiet ihre erste Provinz, die Provincia Transalpina, die Provinz jenseits der Alpen, und aus dem römischen Wort Provincia wurde das französische Wort Provence. 400 Jahre lang

◀ *Kloster Sénanque*

lebten die Provenzalen in der Pax Romana, dem römischen Frieden. Arles und Nîmes und Orange waren römische Städte. Und Vaison und Aix. Sie waren glänzende Handelsmetropolen und wurden mit prachtvollen Bauten ausgestattet, die zum Teil bis heute existieren.
Dann kamen die Westgoten. Dann die Ostgoten, die Burgunder, die Franken. Dann kamen die Araber, die als Sarazenen von der Mittelmeerküste aus bei ihren Raubzügen bis weit nach Norden vorstießen. Dann gehörte die Provence für eine Zeit zum Heiligen Römischen Reich Deutscher Nation. Kaiser Barbarossa ließ sich 1178 in Arles zum König des Arelats krönen. Dann wechselten die Herren. Das Unglück der Katharer ging über das Land. Die Katharer, das war eine Sekte, die Ernst machen wollte mit dem Christentum gegen den Niedergang der Kirche, die Verweltlichung im 13. und 14. Jahrhundert. Die Inquisition rottete die Katharer aus. Wie sagte der oberste Inquisitor, ein Dominikanermönch, als ihn der Offizier fragte, an was man die Katharer erkennt: «Tötet alle, Gott kennt schon die Gerechten.»
Im 14. Jahrhundert war Avignon für einige Jahrzehnte Sitz des Papstes, und dies ist dann auch die Zeit, wo auf den Burgen der Provence die Troubadoure den Ruhm der Damen sangen. 1487 fiel die Provence endgültig an Frankreich.

Irgendwann einmal habe ich meine Freunde besucht, die ihren Urlaub in den Bergen der Hochprovence verbrachten. Die Hochprovence ist eine recht einsame Gegend, mit hohen Bergen, fast 3.000 Meter hoch, tiefen Schluchten, mit aufregenden Flüssen, die ein Eldorado der Kanuten sind, mit malerischen kleinen Ortschaften, einer Landschaft, wo sich grasbewachsene Tälchen mit kahlen Höhenrücken abwechseln, Tannenwälder mit verwunschenen kleinen Seen. Das Wandern kommt einer Entdeckungsreise gleich. Es kann einem passieren, daß man über eine Bergwiese geht, auf der Edelweiße wie andernorts Gänseblumen wachsen. Sie fallen einem wegen der großen Zahl zunächst gar nicht auf. Man kann aber auch leicht auf den Wiesen einen Ring Wiesenchampignons finden, zwei, drei Kilo in fünf Minuten. Bergeinsamkeit, die man mit Adlern, Gemsen und Murmeltieren teilt. Und das Ganze zwanzig, dreißig Kilometer nördlich von Nizza, wo sich die Touristen auf den Füßen herumtreten. Da oben habe ich in einer namenlosen Wirtschaft die bisher einzigen Bachkrebse meines Lebens gegessen. Ich muß Ihnen das erzählen. Sie kamen ganz frisch gefangen und zubereitet auf einer riesigen Silberplatte auf den Tisch. Natürlich hatte es vorher Vorspeisen gegeben und Entremets gegen den Hunger. Wenn ich mich recht erinnere, war es roter Reis aus der Camargue mit frischen Pilzen. Der Wirt selber brachte die Platte mit den aufregenden Krebsen, und dann bekamen wir Schürzen um, als ging es zum Arbeiten. Schon ging es los mit dem Aufknacken und Auslutschen. Natürlich waren die Hände im Nu bedeckt mit der scharfen roten Sauce. Unglücklicherweise hatte ich mich bei der Fahrt in die Hochprovence erkältet. Kein Wunder, denn drunten im Rhonetal war es unendlich heiß und oben auf den Höhen blies ein frischer Wind. Kurz, ich hatte den schlimmsten Schnupfen, den man sich vorstellen kann. Gott sei Dank war dieser Schnupfen über die Phase hinweg, wo er die Geschmacksnerven lähmt. Schmecken also konnte ich, aber, so frage ich Sie, wie sein Laufen mit den saucengetränkten Händen stoppen? Es war völlig unmöglich, zum Taschentuch zu kommen. Ein unendliches Geschniefe war die Folge. Ich kann nicht an Bachkrebse denken, ohne daß mir jener Schnupfen einfällt.
Wir sind miteinander wandern gegangen. Es hat in jener Gegend nicht viele Wanderwege. Man

Frühling am Mont-Ventoux

folgt Trittspuren und Wildwechsel. Wir kamen auf einen langgezogenen Bergrücken, der auf der einen Seite steil nach unten abfiel. Wir saßen und nahmen unser Vesper zu uns. Etwa 300 Höhenmeter tiefer, am Fuß des Steilhangs, war eine Schafherde. Die Hochprovence wird mit Schafherden beweidet. Schafe gehören zum Bild dieser Landschaft. Bei der Herde befand sich ein Hirt. Ich winkte ihm zu, aus der fröhlichen Stimmung des wunderschönen Tages. Da begann er den Hang heraufzusteigen. Waldemar meinte, wenn der heraufkommt, kriegen wir ihn nicht mehr los, denn diese Hirten sind oft wochenlang allein unterwegs und sehen keinen Menschen. Wir standen auf und gingen weiter. Ich war keine zwanzig Schritte gegangen, da trat ich mit dem Fuß in eine Vertiefung im Boden, die ich im Gras nicht gesehen hatte. Ich versuchte, mich mit dem anderen Fuß abzufangen, und kam mit dem zweiten Fuß ebenfalls in eine Vertiefung. Es tat einen lauten Knacks in meinem Knöchel, und ich konnte nicht mehr auftreten. Das Schlimme war, wir waren ja an einem Ort ohne Weg und Steg. Der Abstieg durch Gebüsch und Geröll gehört zu den schlimmsten Erinnerungen meines Lebens. Meinen Fuß hatte ich Gott sei Dank nicht gebrochen, aber ich hatte wochenlang mit der Verstauchung zu tun. Das allein wäre nun nicht wert, erzählt zu werden, hätte nicht Janine am darauffolgenden Tag ihr Bein gebrochen und wäre nicht Waldemar am selben Tag von einem Felsblock am Bein verletzt worden. Ich bin überzeugt, der enttäuschte Hirt hat uns verflucht. Mit einem jener Flüche, die bei den Hirten aller Gegenden seit Urzeiten überliefert werden.

Die Mutter von Janine hat mich eingeladen, mit ihr zum Fischmarkt zu gehen. Sie will Bouillabaisse kochen, die Königin der provenzalischen Küche. Sie ist eine Spezialität von Marseille, hat also wahrscheinlich griechischen Ursprung. Jedenfalls bin ich einer ähnlichen Suppe auch auf Kreta begegnet.

Zurück zur Provence. Sieben Sorten Fisch, so erläutert mir Madame Robert, gehören unbedingt dazu. Und die kauft sie jetzt ein. Unbedingtes Muß an Zutaten sind Rascasse (Drachenkopf), Grondin (Knurrhahn), Congre (Seeaal), Fische, die grausig ausschauen. Dazu kommen noch kleine Fische und Garnelen. Die Brühe, in der der Fisch gekocht wird, besteht aus Knoblauch, Zwiebeln, Safran, Thymian, Lorbeer, Fenchel, Orangenschalen, Tomaten, Salz, weißem Pfeffer und etwas Weißwein, der den Geschmack abrundet.

Nachdem wir die Zutaten daheim hatten, natürlich hatte Madame Robert sorgfältig ausgesucht, wurden die Fische zunächst einmal geputzt und geschuppt. Dann wurde ein erster Sud aus Köpfen und Flossen gekocht, der die Grundlage für alles weitere war. Jedenfalls dauerte die Zubereitung alles in allem fast einen Tag. Am Morgen waren wir auf den Markt gegangen, am Abend konnte die Bouillabaisse gegessen werden. Zunächst wurde die Suppe gegessen. Dazu gab es geröstete Weißbrotscheiben. Sie wurden mit Rouille bestrichen, einer Knoblauch-Pfeffer-Mayonnaise, der der Saft von Seeigeln beigefügt wurde.

Ist die Suppe gegessen, werden auf einer Platte die filetierten Fische serviert und mit Brot und selbstverständlich Rouille gegessen. Dazu gab es an diesem Abend einen Weißwein, der seitdem für mich neben dem «Château-neuf-du-Pape» der Inbegriff der Provence ist, einen «Blanc de Blanc».

Madame Robert sagte, neben der Bouillabaisse gäbe es auch eine einfachere Fischsuppe, die sie im Alltag zubereitet, die Bourride. Sie ist im Geschmack nicht ganz so intensiv und besteht aus Seeteufel, Barsch und Seehecht.

Dann kam Madame ins Schwärmen. Sie ließ mich wissen, daß es sechsundvierzig Fischarten auf dem Fischmarkt gäbe. Die besten seien Dorade (Goldbrasse) und Lotte (Quappe), Merlan (Seehecht), Raie (Rochen), Limande (Scholle) und Rascasse (Drachenkopf). Überhaupt sei die Küche der Provence die beste der Welt. Es gäbe allein 420 Spezialgerichte. Und daß das alles so gut schmecke, das habe seinen Grund darin, daß alle Zutaten ganz frisch seien, daß in der Provence ein wunderbares Olivenöl gepreßt werde, das seinesgleichen sucht und daß die Landschaft voll sei mit erlesenen Kräutern. Weite Teile der Provence seien Heidelandschaft, die sogenannten Garrigues, wo zahllose würzige Kräuter wachsen, zum Beispiel unterschiedliche Thymianarten. Dann der Salbei, der Rosmarin, der wilde Lavendel und die Sarriette, ein wildes Bohnenkraut. Ich könnte mir übrigens sicher vorstellen, wie fein das Fleisch der Lämmer schmeckt, die in der Garrigues auf die Weide getrieben werden. Eine Besonderheit der provenzalischen Küchen sei die Verwendung von Knoblauch. Aber es sei falsch, wenn man annehme, essen sei für die Provenzalen nur ein Vorwand, um Knoblauch zu sich zu nehmen, wie böse Leute sagen. Eine gute provenzalische Hausfrau verwendet Knoblauch nur ganz gezielt und außerdem möglichst immer frisch und nicht abgelagert. Schließlich müsse man auch auf die köstlichen Gemüse hinweisen, die in großer Menge und Qualität in der Provence wachsen. Madame Robert preist auch den Reis der Provence , der in der Camargue angebaut wird. Besonders geschätzt wird der rote Reis der Camargue.

In der Provence gibt es hauptsächlich Ziegen- und Schafskäse. Zum Beispiel der Käse aus Banon, der in Blätter eingehüllt ist und mit Marc angefeuchtet wird. Und schließlich ein wunderbarer frischer Ziegenkäse.

Und dann gibt mir noch Monsieur Robert einen Tip für die Auswahl der Weine. Er empfiehlt mir beim Einkauf darauf zu achten, daß auf den Etiketten entweder «A.O.C.» steht (Appellation d'Origine Controlée) oder «V.D.Q.S.» (Vin Délimité de Qualité Superieure).

Aber wo liegt eigentlich die Provence? Es ist der südöstliche Teil Frankreich, zwischen dem Unterlauf der Rhone und den Seealpen, zwischen dem Mittelmeer und dem Bergland bei Grenoble. Selbstverständlich gehört also auch die Côte d'Azur zur Provence. Aber die Côte d'Azur ist sich längst so sehr entfremdet, daß man an den großen Touristenorten kaum Provenzalisches trifft. Vielleicht in den kleinen Gassen der Altstädte von Cannes und von Nizza, wo die reichen Leute nicht hinkommen.

Provenzalischer Salat

(Salade provençale)

1. 150 g grüne Bohnen
1 l Wasser
1 TL Salz
2. 1 Tomate
3. 2 Knoblauchzehen, gepreßt
4 EL Olivenöl
Salz
4. Saft einer Zitrone
1 EL Weißweinessig
Pfeffer
5. 10 Cocktailtomaten, in Viertel geschnitten
1 grüne Paprika, in Streifen geschnitten
1 gelbe Paprika, in Streifen geschnitten
1 Salatgurke, geschält, in Scheiben geschnitten
1 Endivien- oder Kopfsalat
3 Eier, hartgekocht, in Viertel geschnitten
6. 1 Dose Sardellen, am besten gerollt
1 Zwiebel, in Ringe geschnitten

Das Salzwasser aufkochen, die Bohnen darin 10 Min. blanchieren. Die Tomate auf einer Schaumkelle einen Moment ins kochende Wasser tauchen, schälen, kleinschneiden.
Die Zutaten von 3. in der angegebenen Reihenfolge miteinander gut verrühren. Die Zutaten von 4. und den Tomatenbrei beigeben. Zu einer glatten Sauce rühren. Die Zutaten von 5. in eine Salatschüssel geben, mit der Sauce übergießen. Sorgfältig durchmischen. Die Zutaten von 6. darüber verteilen.

Provenzalischer Salat

Basilikumsuppe
(Soupe au Pistou)

1. *3 l Wasser*
100 g weiße, getrocknete Bohnen, über Nacht eingeweicht
2 Kartoffeln, in Würfel geschnitten
2 Karotten, in Rädchen geschnitten
1 Lauchstange, in Streifchen geschnitten
200 g frische grüne Bohnen
200 g frische rote Bohnen
3 Tomaten
2 Zucchini
1 TL Salz
2. *100 g dünne Nudeln*
3. *3 Knoblauchzehen, gepreßt*
2 Bund Basilikum, fein gehackt
4 EL Olivenöl
100 g Parmesankäse, gerieben

Das Wasser aufkochen, die Gemüse von 2. beigeben, 1 Std. kochen, salzen. Die Nudeln beigeben, 10 Min. kochen. Den Knoblauch mit dem Basilikum vermengen, nach und nach das Olivenöl dazurühren, dann den Käse. Einen Schöpflöffel der Gemüsesuppe dazurühren, in die kochende Suppe geben. Sofort servieren.

Olivenpaste
(Tapenade)

250 g schwarze Oliven, entsteint, gehackt
1 EL Kapern, gehackt
5 Sardellen aus dem Öl, gehackt

Alle Zutaten miteinander in einem Mörser zu einer homogenen Masse vermengen. Falls man einen Mixer benutzt: Die Paste soll nicht zu fein püriert werden. Tapenade kann – zusammen mit frischem Vollkornbrot – als kleine Vorspeise gereicht werden. (siehe auch Rezept S. 56)

Basilikumsuppe

Stockfischcrème

Stockfischcrème
(Brandade de Morue)

1. 500 g Stockfisch
3 EL Olivenöl
2. 1 Knoblauchzehe, gepreßt
Schale einer halben Zitrone, fein abgerieben
2 EL Rahm
Saft einer halben Zitrone
Salz, Pfeffer
3. 1 EL Olivenöl
1 Knoblauchzehe
8 Scheiben Toastbrot

Den Fisch über Nacht unter fließendem Wasser entsalzen. In kaltes Wasser legen, aufkochen, 15 Min. kochen, etwas abkühlen lassen, aus dem Wasser nehmen. Haut und Gräte sorgfältig entfernen, den Fisch möglichst fein zerrupfen. Ein Pfännchen ins Wasserbad stellen, das Öl und den Fisch darin mit einem Spachtel bearbeiten, bis eine weiche, glatte Crème entstanden ist. Zutaten von 2. beigeben.
Das Öl von 3. erhitzen, den Knoblauch darin glasig dünsten, die Brotscheiben leicht anrösten. Die Crème darauf verteilen. Noch warm servieren. In der Provence trinkt man dazu Pastis.

Knoblauchmayonnaise
(Aioli)

6–8 Knoblauchzehen
1 Eigelb
¼ l Olivenöl
1 TL Zitronensaft
Salz
schwarzer Pfeffer

Ganz original wäre es, die Knoblauchzehen in einem Mörser zu zerstampfen, dann das Eigelb, dann nach und nach – am Anfang tropfenweise – das Olivenöl beizugeben, dabei immer in der gleichen Richtung mit dem Stößel zu rühren. Schließlich – wenn eine zarte, weiche Crème entstanden ist – gibt man den Zitronensaft bei und schmeckt mit Salz und Pfeffer ab.
Heute macht man Aioli mit dem Mixgerät.
Aioli kann man zum Apéro oder als kleine Vorspeise reichen. Man dippt die Mayonnaise mit geröstetem Brot.

Gedünstete Goldbrasse
(Dorade étuvée)

1. *4 Doraden (Goldbrassen), Lebendgewicht 350 g, küchenfertig*
   8 Thymianzweige
   8 Zweige Petersilie
   Salz, Pfeffer
2. *500 g Karotten, in Stifte geschnitten*
   500 g Fenchel, in Streifen geschnitten
   500 g Tomaten, in Achtel geschnitten
   500 g Lauch, in Streifen geschnitten
3. *1/8 l herber Weißwein*
   1/4 l Gemüsebrühe
4. *4 EL Butter*
   4 Knoblauchzehen
   12 Scheiben Baguettebrot
5. *2 EL Petersilie, gehackt*

Die Fische innen und außen unter fließendem Wasser spülen, trockentupfen, innen und außen würzen, die Kräuterzweige darin verteilen.
Die Gemüse auf einem geölten Backblech (Kuchenblech) verteilen. Die Fische obenauf legen, die Zutaten von 3. darüberträufeln. Das Blech mit einem zweiten Backblech oder einer Alufolie bedecken. Im auf 180° C vorgeheizten Backofen ca. 20 Min. garen.
In der Zwischenzeit Butter und Knoblauch miteinander vermengen, auf die Baguettescheiben streichen. Diese während der letzten 5 Min. im Backofen toasten. Den Fisch vor dem Servieren mit Petersilie bestreuen.

Gedünstete Goldbrasse

Zwiebeln mit Olivenfüllung

(Oignons à la Tapenade)

1. 8 gleichmäßig große Zwiebeln
Wasser, Salz
2. 1 EL Olivenöl
3. 4 Scheiben Rohschinken, in feine Streifen geschnitten
200 g Tapenade (Olivenpaste, Rezept siehe S. 53)
ca. 1/4 l Hühnerbrühe

Den geschälten Zwiebeln im oberen Viertel einen Deckel abschneiden. Das Innere etwas aushöhlen, ohne den Rand zu verletzen. Nebeneinander in einen Kochtopf stellen, so daß sie nicht umfallen können. Mit kaltem Wasser bedecken, leicht salzen, auf kleinem Feuer gar kochen. Die Zwiebeln sorgfältig aus dem Sud heben und – wiederum so, daß sie nicht umfallen können – in eine mit Olivenöl bepinselte Auflaufform stellen.
Die Schinkenstreifen mit der Olivenpaste vermengen, in die Zwiebeln füllen. Die Hühnerbrühe darübergießen. Im auf 180° C vorgeheizten Backofen ca. 1/4 Std. bräunen.

Tomaten provenzalisch

(Tomates provençales)

1. 4 schöne, gleich große Tomaten, querdurch halbiert
Salz, Pfeffer
2. 3 EL Butter
4 EL Paniermehl
1 Knoblauchzehe, gepreßt

Die Tomaten auf ein eingeöltes Backblech legen, würzen. Die Butter schmelzen, die restlichen Zutaten von 2. daruntermengen. Diese Paste auf die Tomaten streichen.
Im auf 180° C vorgeheizten Ofen 20 Min. backen. (Bild S. 57)

Lammkeule, mariniert

(Gigot d'Agneau mariné)

1. 1 Lammkeule, ca. 1 1/2 kg schwer
2 EL Olivenöl
schwarzer Pfeffer

Marinade:
2. 1 l trockener, schwerer Rotwein (original: Château-neuf-du-Pape, Ersatz: z. B. Barbera oder Chianti)
1 EL Rotweinessig
2 Zwiebeln, grob geschnitten
3 Zweige Thymian
1 Lorbeerblatt
3. Salz
3 EL Olivenöl
4. 2 EL Rahm

Die Lammkeule mit dem Öl bepinseln, mit Pfeffer bestreuen, in eine Schüssel (nicht Metall) legen.
Die Zutaten der Marinade miteinander vermengen, über das Fleisch gießen, über Nacht stehen lassen.
Das Fleisch aus der Marinade nehmen, gut trockentupfen, salzen. Das Öl von 3. erhitzen, das Fleisch ringsum gut anbraten. Mit einem Viertel der Marinade ablöschen. Im auf 220° C vorgeheizten Backofen 30 Min. braten, mit der Marinade öfter begießen. Nach und nach ein zweites Viertel der Marinade zugeben. Im auf 180° C zurückgestellten Ofen weiterbraten, begießen, evtl. noch weitere Marinade zugeben. Gesamte Bratzeit pro 500 g Fleisch 35 Min.
Den Braten aus der Pfanne heben. Zugedeckt 5 Min. ruhen lassen. Den Bratenfond mit dem Rest der Marinade auflösen, einkochen lassen, evtl. nachwürzen. Vor dem Servieren mit dem Rahm verfeinern.
(Bild S. 59)

Tomaten provenzalisch

Birnentorte
(Tarte aux Poires)

Teig
1. 250 g Mehl
3 EL Zucker
125 g Butter, flockig geschnitten
1 Ei
Salz

Belag:
2. 50 g Mandeln
½ l Wasser
3. 5 EL Himbeergelee
3 EL Wasser
2 EL Kirschwasser
4. 250 g Rahmquark
100 ml Rahm
1 EL Zucker
5. 1 kg gut reife Birnen, geschält, in Hälften geschnitten
1 EL Zitronensaft
Mandelsplitter

Das Mehl auf den Tisch sieben, Zucker und Salz beigeben, die Butterflocken darüberstreuen. Alles mit den Händen zu einer krümeligen Masse verreiben. Das Ei dazugeben. Einen glatten Teig kneten (evtl. ganz wenig Wasser zufügen). Eine Kugel formen. Diese in der Größe einer Kuchenform plus Rand ausrollen, in die gebutterte Form legen. Den Rand ca. 3 cm hochziehen. Den Boden mit einer Gabel mehrmals einstechen. Im auf 180° C vorgeheizten Backofen 15 Min. backen. Auskühlen lassen.
Das Wasser von 2. aufkochen, die Mandeln hineinschütten. 5 Min. stehen lassen. Die Mandeln schälen, in Späne schneiden. In einer Bratpfanne ohne Fett leicht rösten.
Die Zutaten von 3. miteinander vermengen, 5 Min. köcheln. Die Zutaten von 4. miteinander vermengen. Auf den Kuchenboden streichen. Die Birnenhälften darauflegen, mit dem Zitronensaft beträufeln. Das Himbeergelee darauf streichen. Mit den Mandelsplittern bestreuen. (Bild S. 59)

Honigcrème
(Crème au Miel)

1. ½ l Rahm
Schale einer Zitrone
50 g Honig
2. 4 Blätter Gelatine
2 EL heißes Wasser
3. ½ l Rahm, ganz steif geschlagen
4. 250 g Honig

Die Zutaten von 1. aufkochen, 4–5 Min. kochen lassen, dabei ständig rühren.
Die Gelatineblätter im kalten Wasser einweichen, im Wasserbad mit Zugabe des Wassers auflösen, gut ausdrücken. Die Zitronenschale entfernen, die Gelatine mit der Crème vermengen. Die zweite Rahmportion darunterziehen. Alles in eine kalt ausgespülte Puddingform einfüllen. Über Nacht kühl stellen. Vor dem Servieren die Honigportion von 4. im Wasserbad erwärmen, über den gestürzten Pudding gießen.
Eine viel weniger Kalorien enthaltende Version kann man zubereiten, indem man die erste Rahmportion durch 3 Gläser Joghurt ersetzt, die übrigen Zutaten von 1. zugibt, ohne das Ganze aufzukochen.

Lammkeule mariniert

Birnentorte

Sizilien

Von Werner O. Feißt

Der Vater der Götter hatte eine Schwäche für schöne Frauen. Groß ist die Zahl der Kinder, die auf diese Weise zustande gekommen sind. Wenn seine Gattin, die Göttin Hera, zuständig für Ehe und Familie, nicht aufpaßte, schwupp war er weg vom Olymp und bei irgend einer seiner Angebeteten. So hatte er auch ein kleines Techtelmechtel in Süditalien. Als er mit seiner Angebeteten schmuste, legte er seine Götterkrone ab. Da kam ein Vogel der Göttin Aphrodite, eine weiße Taube, stahl aus der Krone seiner Macht den allerschönsten Edelstein und flog mit ihm davon. Als Zeus den Verlust bemerkte, war es natürlich zu spät. Er schleuderte einige Blitze hinter der Taube her. Diese erschrak und ließ den Edelstein, den sie eigentlich ihrer Herrin hatte bringen wollen, fallen. Dieser Edelstein fiel ins Meer. Daraus entstand die Insel Sizilien, die Trauminsel im Mittelmeer. So stelle ich mir vor, daß es gewesen sein könnte.

Was auf Sizilien überrascht, sind die Menschen. Man ist an die großen Gesten, den Überschwang der Gefühle, die Leichtigkeit des Lebens, die Kontaktfreudigkeit der Mittelmeer-

◂ *Taormina mit griechisch-römischem Theater und seinem Wahrzeichen, dem Ätna.*

menschen gewöhnt und trifft auf Sizilien auf ein Volk, das sich eher zurückhaltend und unbeweglich, mit einem Zug zur Schwermut verhält. Wenn man die Geschichte Siziliens ein wenig kennt, dann ist man geneigt, diesen Volkscharakter für eine Folge der jahrhundertelangen Unterdrückung durch so viele unterschiedliche Herrschaften anzusehen. Solange man zurückblicken kann, waren die Sizilianer nie ihre eigenen Herren. Das beginnt in historischer Zeit mit den Karthagern, dann mit den bedeutenden Siedlungen der Griechen, dann kamen die Römer, die Byzantiner, die Araber, die Normannen, die schwäbischen Staufer, die Franzosen, die Spanier. All diese Herrenvölker haben ihre Spuren hinterlassen. Bis heute findet man Menschen mit griechischen Gesichtern. Im Westen haben sie dunkle Hautfarbe und arabische Züge, und im Innern der Insel kann man den blonden Nachkommen der Normannen begegnen.
Sizilianer können viel ertragen. Da ist noch ein Zug jenes «insch Allah», jenes «wie Gott will» der Araber. Aber unter ihrer zur Schau getragenen Gleichgültigkeit können sich heftige Gefühle verbergen, die manchmal jäh zum Ausdruck kommen.

Was für den Lago Maggiore Ascona ist, die Ortschaft mit dem klingendsten Namen, das Traumziel von Touristen und nicht nur von Touristen, das ist für Sizilien Taormina. Und Taormina das hat das Image von Vornehmheit, von landschaftlicher Schönheit, von kultiviertem Urlaub. Taormina als Traumziel der Trauminsel hat eine merkwürdige Geschichte. Es war ein junger Maler aus Preußen namens Otto Geleng, der 1863 – ich weiß nicht aus welchem Grund, vielleicht hatte er Seume gelesen und seinen «Spaziergang nach Syrakus», oder Goethes «Italienische Reise» – nach Taormina gekommen ist und Taormina und seine Landschaft in vielen Gemälden festhielt. Die Bilder stellte er in Paris aus. Die Besucher der Ausstellung waren begeistert von dieser einmalig schönen Landschaft, die sie für eine Ausgeburt der Malerfantasie hielten. «Wie kann man solche schönen Landschaften aus der Fantasie erfinden!»
«Nein, nein», sagte der Maler, «keine Fantasie, Wirklichkeit. « Man glaubte ihm nicht. Er wettete um den Fahrpreis nach Taormina, daß dort alles so ausschaue wie auf seinen Bildern. Eine ganze Reihe von Besuchern nahm die Wette an, fuhr nach Taormina, wo es noch nicht einmal ein Hotel gab. Aber Geleng, ein geschickter Mann, hatte ein Haus gemietet, hängte ein Schild daran «Hotel Timio» und vermietete die Räume an die Opfer seiner Wette. Die waren begeistert und sprachen von ihrer Begeisterung, und so kam Taormina in Mode.

Fünfzehn Jahre später kam ein anderer Preuße, ein gewisser Baron von Glöden. Der Baron hatte Tuberkulose und war von seinem Arzt nach Sizilien geschickt, in die trockene gesunde Luft, um sich auszuheilen. Der Baron hatte einen frühen Fotoapparat dabei. Er fotografierte Taormina und die Umgebung, er fotografierte die Einwohner von Taormina, aber er fotografierte vor allem nackte Jünglinge, die er in klassischen Posen aufnahm. Diese Fotografien gehören bis heute zum Besten, was die Kunst der Fotografie hervorgebracht hat. Sie warben weiter für Taormina und gaben zugleich Taormina einen besonderen Akzent. Man kann ruhig darüber sprechen, Taormina ist bis heute ein Ort der Homophilen geblieben.

Zunächst war Taormina fast ein reiner Winterkurort. Die vornehmen Leute kamen in der Zeit zwischen September und Ostern, um dem kalten nordeuropäischen Wetter zu entfliehen. Aus dem Hotel Timio ist sehr schnell ein Luxushotel geworden. Andere entsprechende Häuser entstanden, und so wurde Taormina am Ende des 19. Jahrhunderts das bevorzugte Urlaubsziel der Reichen und Reichsten. Da kamen die englischen Könige, der deutsche Kaiser, die Kaiserin Elisabeth von Österreich, da kamen die Bankiers und die Industriellen, da kamen Dichter und Maler, Wissenschaftler und schließlich Filmstars.

Wenn im Oktober die ersten Regenfälle kommen, dann bedeutet das auf Sizilien zugleich eine Art Frühjahr. Aus der verbrannten Erde brechen die Blumen. Die Landschaft wird wieder grün, und es beginnt zu blühen.

Der Sommer aber ist heiß, vor allem der Juli und der August, die Monate, in denen heutzutage die Gäste auch nach Taormina kommen. Bis in die Dreißiger Jahre unseres Jahrhunderts waren im Sommer die Hotels von Taormina geschlossen. Heut spielt nur noch die Sommersaison eine Rolle, die an Ostern beginnt und im Oktober endet. Es sind nicht mehr die reichen Leute, die ihren Urlaub in Taormina verbringen, sondern der Massentourismus hat auch diesen traumhaft schönen Ort erreicht. Und Taormina, das eigentlich seinen Ruf als vornehme Kurstadt verteidigen möchte, ist in dem Dilemma zwischen diesem Ruf und der Wirklichkeit des Massentourismus den Versuchungen erlegen. Längst reiht sich Souvenirladen an Souvenirladen, Bierlokale mischen sich darunter und Fast-Food-Restaurants, und die kleinen Restaurants bieten die italienische Einheitsspeisekarte an.

Wenn man Taorminas Ambiente genießen will, empfiehlt sich die Piazza IX. Aprile: Taormina, das ist beides, das Panorama einer einmalig schönen Natur und das südliche Leben der Menschen in den Straßen einer charmanten alten Stadt. An der Balustrade der Piazza schaue ich hinunter auf das Meer, das azurblau und türkis tiefe und flache Stellen markiert. Es hat eine schneeweiße Borte, dort, wo seine Wellen schäumend auf den dunklen Strand laufen. Badestrand, so weit man schaut. Grünes Land dahinter. Ein Grün, das zu der Farbskala des Meeres zu gehören scheint. Ganz in der Nähe die Strände von Giardini Naxos. Jenseits der kleinen Bucht die modernen Hotels und die Ruinen des antiken Naxos. Dieses Naxos wurde 735 von Auswanderern der griechischen Insel Euböa gegründet. Es war die erste griechische Kolonie auf Sizilien, die erste Zelle von dem, was später Magna Greca, Großgriechenland, hieß.

Oleanderbäume blühen rot und rosa.
Hinter der Barockkirche, die sich die Herrschaft über die Piazza mit der ehemaligen Kirche St. Agostino und dem Uhrturm teilt, erhebt sich der Monte Tauro, auf dessen Spitze die Reste einer Araberburg liegen, erbaut um das Jahr 1.000.

Ich setze mich in den Schatten eines der drei Cafés. Es ist Vormittag. Ein Espresso tut gut. Ich bin neugierig und bestelle ein Mandelgebäck, von dem die Konditoreien des Corso Umberto überquellen. Mandelgebäck, Marzipan in allen Farben, das ist die Spezialität Taorminas. Beliefert nicht das Gebiet im Schatten des Ätna halb Italien mit Mandeln?
Und dann schaue ich den Menschen zu, die auf der Piazza unterwegs sind. Hausfrauen mit Taschen auf dem Weg zum oder vom Einkauf, die eine Bekannte treffen und nun ein gestenreiches Gespräch beginnen, eine dritte kommt dazu. Was mag die Frau mit dem hageren Gesicht so Interessantes wissen? Etwas über

den Nachbarn? Nichts Gutes scheint mir. Nicht weit davon ein Kreis mit älteren Männern. Rentner wohl, die sich hier treffen zum morgendlichen Gespräch über allfällige Politik. Zwei vornehme Herren in Anzug und Kravatte schreiten vorbei in verhaltenem Gespräch, gefolgt von ihren Gattinnen, pensionierte Staatsbeamte wohl, die in Taormina Urlaub machen. Junge Paare, Händchen haltend. Taormina ist auch ein beliebtes Ziel von Hochzeitsreisen. Und männliche Paare. Da sind die zwei, die mir vorher auf dem Corso Umberto schon auffielen. Ein Mann mittleren Alters, runder Schädel, sportliche Figur, gut geschnittenes Profil. Er könnte direkt aus der Renaissance in unsere Zeit gekommen sein, vielleicht herabgestiegen von einem bronzenen Pferd: ein Condottiere. Und der jüngere ein schlanker Mann mit schwarzen Locken, mit etwas weichen, fast weiblichen Gesichtszügen.

Und dann eine Schar von Touristen, die lautstark ihr Entzücken über den Platz und seine Aussicht zum Ausdruck bringen: Männer in kurzen Hosen mit wohlgerundeten Bäuchen, und mittelalterliche Frauen, die aus ihren Blusen und Shorts zu quellen scheinen, Känguruhtaschen vor dem Bauch, Strohhüte. Und dann ganz junge und nicht so junge in Strandkleidung. Welch ein Kontrast zu den Einwohnern. Touristen machen mich verlegen, und ich bin doch selber einer.

Am Abend ein Konzert im Theater von Taormina: die untergehende Sonne, der Duft der Blumen, die laue Luft, Pinien, Zypressen, die Hügel über dem Theater, der Ätna, dessen Schnee sich vom späten Sonnenlicht rot färbt, und ein Mandolinenkonzert von Vivaldi.

Spät gehe ich noch etwas essen. Eine Minestrone, eine Gemüsesuppe, die hier so anders schmeckt als im Tessin, und Sarde a becca fico, von den Gräten befreite Sardellen, gefüllt mit einer Mischung aus Semmelbröseln, Petersilie, Knoblauch und Parmesan in Tomatensauce. Als Dessert nehme ich einen Ricotta, den Frischkäse aus Schafmilch. Eigentlich wollte ich ihn mir für Syrakus vorbehalten, aber die Versuchung hier ist zu groß.

Ich trinke einen Wein dazu, der am Abhang des Ätna gewachsen ist. Ich könnte mich an ihn gewöhnen.
Überhaupt der Ätna. Sein Name, so lese ich, käme aus dem Sanskrit, warum, kann mir niemand erklären, «aid-na», das bedeute, «der Brennende». Die Sizilianer sprechen von ihm als «la montagna», «das Gebirge», oder sie sagen «Mongibello», was liebevoll und freundlich klingt und halb lateinisch: «Mons» und halb arabisch «dschebel» ist. Beide Wörter bedeuten Berg. Also jedenfalls, der Mongibello ist der größte aktive Vulkan Europas. Das bezieht sich nicht nur auf seine Höhe. Auf meiner Karte ist sie mit 3.340 Metern angegeben, aber ich habe auch Angaben gefunden mit 3.350 und sogar mit 3.354 Metern. Die Spitze des Berges verändert sich offenbar ständig, was bei einem tätigen Vulkan nicht weiter verwundert.

Der Umfang des Berges beträgt an der Basis 212 km und er bedeckt ein Gebiet von rund 1.570 km^2 Fläche. 150 km weit kann man ihn sehen. Vor allem, weil sein Gipfel ab der 1.600 Meter Marke im Winter und Frühling mit Schnee bedeckt ist. Auf dem Südhang treibt man Abfahrtslauf, an den übrigen Hängen des Berges, wo es ausgedehnte Wälder gibt, werden regelmäßig Loipen für den Langlauf gelegt.

Von der Stadt Catania aus kann man in zwei Stunden zur Talstation einer Luftseilbahn kom-

men, die der Vulkan allerdings 1985 zerstört hat. Sie brachte die Fahrgäste an einen Platz 600 Meter höher, am Rande des Hauptkraters.
Die Straße zum Ätna führt durch landschaftlich überaus reizvolle Gegenden. Wunderschön sind die kleinen Dörfer am Berg, inmitten von Weinbergen, Gärten, Orangen- und Zitronenhainen. Darüber Wälder mit Kastanien, Pinien, Fichten und Eichen. Dann kommt eine Zone, wo die Bäume verkrüppelt und windschief sind und noch höher kommen Lavafelder, auf denen sich erstes Leben rührt.

Im Bereich der vulkanischen Aktivität sind die spektakulären Krater des Berges, aus denen er Feuer, Steine und glühende Lava spuckt. Um die großen Krater herum gibt es mehr als zweihundert Stellen mit mehr oder weniger tätigen kleinen Schloten. Hier oben ist das Reich des Hephästos, des griechischen Gottes der Schmiede und der Handwerker. Die Römer nannten ihn Vulcanus.
Seine Mutter war Hera, die Frau des Zeus. Ob dieser sein Vater war, ist aber nicht so klar. Als Hera ihn geboren hatte, war sie so entsetzt über das häßliche Baby, daß sie es vom Olymp herunterwarf. Freundliche göttliche Wesen zogen den kleinen Hephästos-Buben in einer Höhle auf, und dort lernte er auch sein Handwerk. Verheiratet ist der häßliche, hinkende Schmied mit dem rußgeschwärzten Gesicht und den schwieligen Händen, der allezeit geschäftig tut, ausgerechnet mit der Göttin der Schönheit und der Liebe, Aphrodite, was dem Hephästos viel Ärger einbringt und eingebracht hat. Meistens betrügt sie ihn mit dem Gott des Krieges: Ares, lateinisch: Mars.

Im Ätna hat Hephästos seine Werkstatt und hier schmiedet er die Blitze für den Zeus und auch sonst allerlei Praktisches und Listiges für die Götter und für sich selbst. So hat er zum Beispiel eine Falle gebaut, mit der er seine Frau und den Ares just in dem Augenblick fing, als sie sich der Liebe hingaben. Der ganze Olymp hat gelacht, aber nicht über den Ares und die Aphrodite, sondern über den armen Hephästos. So, jetzt wissen Sie, warum der Ätna raucht und rumort und warum man Feuer sehen kann, was nachts ein höchst eindrucksvolles Bild ist.

Durchschnittlich alle 150 Jahre verschlingt der glühende Lavastrom eine Ortschaft.
Bis Catania kam er im 17. Jahrhundert und hat es auch zerstört. Mehr noch als die Ausbrüche und die Lavamassen fürchten die Menschen rund um den Ätna die Erdbeben, die von ihm aus gehen. 1908 wurde die Stadt Messina und ihre Umgebung von einem solchen schrecklichen Beben heimgesucht. Nach zweiunddreißig Sekunden waren alle Gebäude zerstört und an die hunderttausend Menschen tot.

Die Auswanderer von der Insel Euböa, die 785 v. Chr. Naxos gegründet haben und damit die erste griechische Kolonie in Sizilien, haben offenbar ihre guten Erfahrungen in Griechenland verbreitet. Knapp fünfzig Jahre später kamen wieder Griechen übers Ionische Meer. Sie kamen aus Korinth, waren um den Peloponnes herumgefahren und erreichten die sizilianische Ostküste. Auf der Suche nach einem geeigneten Ort für eine Niederlassung fanden sie jenen Ort, der heute Syrakus heißt mit seinen beiden geschützten Buchten, die sich hervorragend als Hafen eigneten. Zwischen den beiden Buchten liegt eine kleine Halbinsel oder Insel, die sich als Platz für die Neugründung geradezu anbot. Es gab da zwar schon eine Ansiedlung der sizilianischen Urbevölkerung, der Sikuler, aber die wurde erobert und die Bewohner wurden vertrieben, und die Korinther

gründeten auf der kleinen Insel ihre Ansiedlung. Sie nannten sie Ortygia: Wachtelinsel. Ortygia, das war der antike Name der Insel Delos, jenes Ortes, wo nach der Sage die göttlichen Zwillinge Artemis und Apollon geboren wurden. Die ganze Ansiedlung aber nannten sie Syrakus, nach einem nahegelegenen Sumpf, den die Ureinwohner Syrakka nannten. Die Griechen heirateten sikulische Frauen und stellten die sikulischen Männer zu den notwendigen Arbeiten an. Die Gründung war ein voller Erfolg. Syrakus wuchs unglaublich schnell. Schon nach zwei Jahren hatte es sich auf das Festland ausgedehnt und nach siebzig Jahren war Syrakus so groß und mächtig, daß es eigene neue Städte gründen konnte.
Diese neuen Städte halfen Syrakus, die Ostküste zu beherrschen und gleichzeitig die Urbevölkerung im Zaum zu halten.

Im 4. Jahrhundert v. Chr. war Syrakus auf dem Gipfel seiner Macht. In dieser Zeit lebten mehr als eine halbe Million Menschen in der Stadt. Seine Stadtmauer war siebenundzwanzig Kilometer lang. Zur gleichen Zeit hatte Athen 140.000 Einwohner.
Man hat das Syrakus der Antike mit dem New York unserer Zeit verglichen. Reichtum und Macht waren in dieser Stadt vereinigt, und für die Auswanderer aus dem griechischen Heimatland war es das Tor zu neuen Lebensmöglichkeiten.

212 v. Chr. wurde die Stadt von römischen Truppen erobert. Das war aber nur der Schlußpunkt eines Niedergangs, der vorher schon eingesetzt hatte. Bei dieser Eroberung tötete ein römischer Soldat den großen Archimedes.

Die Geschichte von Syrakus zwischen 734 und 212 v. Chr. war eine kriegerische Geschichte. Reichtum zieht Feinde an und Macht fordert heraus. Da waren die Karthager von der gegenüberliegenden afrikanischen Küste, die Syrakus den Rang streitig machten. Und da waren die griechischen Brüder selbst. Andere griechische Städte auf Sizilien, denen die Vorherrschaft von Syrakus nicht paßte, riefen das große Athen zu Hilfe. 413 v. Chr. erschienen die Athener mit ihren Kriegsschiffen und einem Invasionsheer von 24.000 Mann. Sie gingen an Land und sie wurden besiegt. 7.000 von ihnen wurden in den Steinbrüchen von Syrakus eingesperrt. Monatelang erhielten sie täglich nur ein Viertel Liter Wasser und ein halbes Pfund Brot. Wenige haben diese Behandlung überlebt.

Die Geschichte von Syrakus ist aber auch die Geschichte seiner Tyrannen, was in der Antike nichts anderes hieß, als daß da einer selbstherrlich regierte, unabhängig davon, ob er dies zu seinem oder des Volkes Wohl tat. Es waren die langen Regierungszeiten der Tyrannen, die das goldene Zeitalter von Syrakus bewirkten. Aber die Tyrannen waren auch schuld an seinem Niedergang. Sicher werden sie sich an das Schiller-Gedicht erinnern, das so anfängt:

Zu Dionys', dem Tyrannen, schlich
Möros, den Dolch im Gewande;
ihn schlugen die Häscher in Bande.

«Was wolltest du mit dem Dolche? Sprich!»
Entgegnet ihm finster der Wüterich.
«Die Stadt vom Tyrannen befreien.»
«Das sollst du am Kreuze bereuen.»

Vielleicht wissen Sie nicht mehr, wie es ausging? Der Möros bittet um drei Tage Aufschub, weil er seine Schwester noch verheiraten muß. Der Tyrann verlangt eine Geisel. Ein Freund ist bereit.

Möros erledigt, was erledigt werden muß, aber die Rückkehr nach Syrakus ist schwierig. In der Straße von Messina tobt ein Sturm. Kein Schiff kann fahren. Möros schwimmt hinüber. Dann halten ihn Räuber auf. Aber es gelingt ihm in letzter Sekunde, das Kreuz ist schon aufgerichtet, den Freund zu retten. Und dann geht bekanntlich alles gut aus.
Friedrich v. Schiller halt.
Ob es in der Geschichte von Syrakus ein solches Ereignis gibt? Ich weiß es nicht.

Aber zurück nach Syrakus. Die Römer nahmen in dem eroberten Syrakus alles mit, was man nur mitnehmen konnte. Dies war für die Römer die erste Begegnung mit griechischer Kultur, was nicht ohne Folgen blieb. Syrakus war römische Stadt. Im 6. Jahrhundert gehörte es zu Ostrom. Dann kamen die Araber, die Normannen, dazwischen Pisa und Genua. Es hatte unter den Hohenstaufen eine neue Blütezeit. Dann stand Syrakus auf der Seite der Spanier gegen die Franzosen. Karl V. machte eine mächtige Festung aus Syrakus. Erdbeben 1693. Pest 1737. Im 19. Jahrhundert kam es wie die ganze Insel zu Italien.

Um die Sehenswürdigkeiten von Syrakus auch nur oberflächlich zu besuchen, braucht man wenigstens zwei Tage.
Ich bin über den Ponte Nuovo, die neue Brücke, gegangen, die vom Festland auf die Insel Ortygia führt. Ortygia, das ist die Altstadt von Syrakus, im Gegensatz zu den neueren und neuen Stadtvierteln, die sich landeinwärts ausdehnen. Der Kanal, den ich überschreite, verbindet den großen Hafen mit dem kleinen. Im großen Hafen liegen die Fähren, die zum Beispiel hinüberfahren nach Malta. Die Insel zwischen Europa und Afrika. Auf der Piazza Pancali stehen die Ruinen des Apollotempels, des ältesten dorischen Tempels Siziliens, den die griechischen Einwanderer wohl sehr früh gebaut haben. Apollon und vielleicht auch seiner Schwester Artemis zu Ehren, in Gedanken an Delos, die andere Wachtelinsel. Ehe er verfallen ist, war dieser Tempel byzantinische Kirche, arabische Moschee und normannische Basilika.
Ich gehe durch die engen Gassen der Altstadt. Hier lebt Syrakus, hier begegne ich den einfachen Leuten. Am Domplatz ist die ganze Herrlichkeit zu bewundern: Der erzbischöfliche Palast, die Kirche der heiligen Luzia, der schmiedeeiserne Balkon über dem imposanten Tor des Palazzo Beneventano, der Senatspalast, der heute Rathaus ist und unter dem sich die Reste eines weiteren dorischen Tempels aus dem 5. Jahrhundert verbergen, und der Dom mit einer prächtigen Barockfassade, der doch ein dorischer Tempel ebenfalls aus dem 5. Jahrhundert ist. Man hat ganz einfach die Zwischenräume zwischen den Säulen mit Mauerwerk gefüllt. Man hat Rundbögen in die Cella gebrochen und auf diese Weise eine dreischiffige Kirche erhalten. Der griechische Tempel, der solchermaßen über die Jahrhunderte überlebt hat, war der Göttin Athena geweiht. Auf dem Dach des Tempels stand die Statue der Göttin mit Schwert und Schild. Ihr Gold glänzte in der Sonne und wies den Seeleuten den Weg in den Hafen von Syrakus. Wenn man Syrakus mit New York vergleicht, dann muß man diese Athena-Statue mit der Freiheitsstatue vergleichen.

Auch der Dom war nacheinander frühchristliche Kirche, Moschee und normannische Basilika. Das Christentum war übrigens früh in Syrakus. Bereits im Jahre 42 n. Chr. existierte hier eine christliche Gemeinde. Es war die erste im Abendland überhaupt.

Ich gehe die Uferpromenade entlang, schaue

auf den großen Hafen. Am Ende der Straße, wo es hinausgeht zur Schnabelspitze der Wachtel ist eine Quelle. Es ist überraschend, auf dieser kleinen Insel, umgeben von Meer, eine Süßwasserquelle zu finden. Aber sie war schon für die Ansiedlung der Sikuler, die vor den Griechen kamen, sechs Jahrhunderte hier wohnten, die Voraussetzung zum Leben, und sie ist es für die Griechen geblieben. Für die Griechen war es die Quelle der Nymphe Arethusa. Für die Griechen war jeder Bach, jeder Fluß, jedes Gewässer personifiziert. Nymphen waren zwar nicht unsterblich, aber sie besaßen ewige Jugend. Von der Wichtigkeit der Arethusa-Quelle her besaß die Nymphe hohes Ansehen. Ihr Bildnis schmückte die hochbegehrten Münzen aus Syrakus. Man erzählt, Arethusa habe sich dem Werben des Jägers Alpheios entziehen wollen. Sie schwamm nach Ortygia. Alpheios aber folgte ihr.
Die Göttin Artemis erbarmte sich der Arethusa und verwandelte sie in eine Quelle. Alpheios ging zurück nach Arkadien und verwandelte sich in einen Fluß. Sieben Jahre lang floß er von Arkadien durch das Meer, bis er Syrakus und Ortygia erreichte. Dort vereinigte er sich mit Arethusa, die ja nun eine Quelle war.

Es ist ein umgittertes halbkreisförmiges Becken, die Quelle. Und es gibt eine kleine Insel darin mit Papyrusstauden.
Ich gehe den Lungomare zurück, Richtung Brücke. Irgendwo kehre ich ein. Ein Kreuzfahrtschiff läuft aus. Es tutet zum Abschied von der Stadt.
Was hätten die Griechen erreichen können, wenn sie einig gewesen wären. Rund ums Mittelmeer und am Schwarzen Meer waren ihre Kolonien. Die mächtigsten und fruchtbarsten auf Sizilien, in Apulien und Kalabrien, aber sie waren nie eins. Höchstens alle vier Jahre bei den Olympischen Spielen in Olympia. Ihr staatlicher Individualismus verhinderte die Einigung, die zum Bau eines Reiches notwendig gewesen wäre. Der große Alexander ist zu früh gestorben.
Auf Sizilien haben die Griechen Großes zurückgelassen. Die schönsten und besterhaltenen Tempel der griechischen Welt. Man muß auf Sizilien nur nach Agrigent fahren, ins Tal der Tempel, vor allem im Frühjahr, wenn zu den Füßen der Tempel die Mandelbäume blühen, nach Selinunt vielleicht auch und zum geheimnisvollen Tempel von Segesta, dessen 36 Säulen völlig intakt sind, aber der niemals eine Cella besaß und niemals ein Dach.
Und die Archäologen fragen sich, welchem Zweck diente diese Tempelhülse fern jeder Ansiedlung. Aber er ist für den Besucher eine Freude. Der Tempel, der in einer weitläufigen Natur steht, überragt von einer Felswand, in der Nachbarschaft eines kleinen Waldes, umgeben von Agaven. Im Frühjahr steht er in einem Meer von Blumen.

Ich fahre durch das Innere der Insel. Jetzt im Frühjahr ist es grün, die Blumen blühen, es ist eine Landschaft weitläufig und schön. Einsam stehende Zypressen setzen Akzente, Talauen und dann wieder Hänge, die ganz mit gelbblühendem Ginster bewachsen sind.
Nur 14% von Sizilien bestehen aus Ebenen, 61% aus Hügelland und 25% sind Berge.
Es sind diese weiten Hügel, die die Landschaft bestimmen, mit den Bergen am Horizont. Eigenartig ist, daß man kaum Häuser sieht. Die Bauern leben in mehr oder weniger großen Dörfern, meistens auf den Gipfeln von Hügeln.

Sizilien war immer wieder in der Geschichte das Ziel von Überfällen, das Ziel von Eroberern und da war es gut, beisammenzuwohnen an einem Ort, der sich leichter verteidigen ließ. Bis heute

nehmen die Bauern weite Wege zu ihren Äckern, Gärten und Feldern in Kauf.
Und dann bin ich in Palermo. Palermo, das ist sizilianische Geschichte konzentriert. Palermo, das ist eine lebendige quirlige Stadt, voller Sehenswürdigkeiten. Die einzigen, die in Palermo mit ihren Bauten nicht präsent sind, das sind die Griechen. Dafür finden sich die spektakulärsten Funde aus Agrigent und Selinunt im Museum von Palermo.
Nicht Griechen haben die Stadt gegründet, sondern ihre Widersacher, die Phönizier, das Volk, von dem man so wenig weiß und dem wir doch zum Beispiel unsere Schrift verdanken.
Karthago, der Gegenspieler von Syrakus, der Feind Roms, war eine phönizische Kolonie, gegründet um 750 v. Chr. Eines verdankt Palermo allerdings den Griechen, seinen Namen, denn griechisch hieß die Stadt «Panormos», «Allhafen», was nicht unberechtigt ist, liegt doch Palermo an einer großen, geschützten Hafenbucht. Diese Bucht ist nach der einen Seite vom Monte Pellegrino und auf der anderen Seite vom Kap Zafferano gegen die rauhen Winterwinde geschützt. Im Sommer bringt der frische Wind vom Meer Kühle in die Stadt. Dieses Klima macht aus Palermo einen blühenden Garten.
So war der phönizische Name der Stadt «Ziz», «Blume». Zur eigentlichen Blume aber wurde Palermo erst, als es von den Arabern 831 zur Hauptstadt ihres sizilianischen Reiches gemacht wurde.
711 hatten die Araber bekanntlich Spanien bis zu den Pyrenäen erobert und besetzt. 827 kamen sie von Afrika her übers Meer nach Sizilien.
Unter den Arabern wurde Palermo eine blühende Handelsstadt, die zugleich militärischer und politischer Mittelpunkt des Reiches war. Palermo hatte über 200.000 Einwohner.
Es wurde in eine Reihe mit den Zentren des Islam gestellt.
Aber die Zeit der Araber auf Sizilien war kurz. Ab 1060 kamen Normannen, die in Unteritalien ein kleines Reich gegründet hatten, über die Straße von Messina, um Sizilien zu erobern. Fünf Monate belagerten sie Palermo. Dann fiel die Perle des arabischen Sizilien in die Hand der Normannen. Die Normannen, das waren Wikinger aus den Fjorden Norwegens, die im 9. Jahrhundert die Normandie erobert hatten, als Söldner nach Süditalien kamen, um dort ein kleines Reich zu schaffen. Die Normannen übernahmen von den Arabern deren Kultur. Knapp 150 Jahre hatten die Normannen Zeit auf Sizilien. Dann hatte der König Roger II. nur eine Tochter als Kronerbin, und die wurde mit dem Sohn und Erben des deutschen Kaisers Friedrich Barbarossa, Heinrich VI. verheiratet.
Die normannischen Sizilianer nahmen diese Heirat, die das Ende ihrer Selbständigkeit bedeutete, nicht widerstandslos hin. Heinrich VI. unterdrückte mit beispielloser Grausamkeit jeden Widerstand. Einen möglichen normannischen Thronfolger ließ er blenden und töten, einem anderen ließ er eine Krone auf den Kopf nageln. Für Heinrich VI. war Sizilien ein Teil seines Heiligen Römischen Reiches Deutscher Nation, das Deutschland, die Provence, Ober- und Unteritalien und Sizilien umfaßte. Er scheiterte am Widerstand des Papstes und der deutschen Fürsten. Den normannischen Thronschatz ließ er auf hunderten von Maultieren nach Deutschland auf die Burg Trifels in der Pfalz bringen. Mit dem Gegenwert wurden all die Burgen der Südpfalz und des Elsaß gebaut.

Ich stehe im Dom von Palermo am Porphyrsarg des Kaisers Friedrich II., jenes Mannes, den seine Bewunderer «das Staunen der Welt» nannten. Er war der Sohn, Erbe und Nachfolger Heinrichs VI. Früh hatte er seine Eltern verloren, war – wie man behauptet – als Gassenjunge in

Palermo aufgewachsen. Als deutscher König und Kaiser träumte er den Traum seines Vaters vom Heiligen Römischen Reich Deutscher Nation mit einem erblichen Kaisertum weiter. Auch er kam in Konflikt mit dem Papst, der von den Franzosen unterstützt wurde, mit den deutschen Fürsten, mit den italienischen Städten.
Er war hochgebildet, hatte eine große Liebe zu den Wissenschaften und zu den Künsten, war auch als Staatsmann von großem Geschick. Er gründete die Universität Neapel. Er ließ als erster medizinische Experimente machen. Er war für seine Zeit außerordentlich liberal. Dies galt vor allem gegenüber seinen arabischen Untertanen in Sizilien. Er hatte eine sizilianische Leibgarde und die päpstliche Propaganda unterstellte ihm auch einen Harem. Gedrängt vom Papst unternahm er einen Kreuzzug, der aber unblutig verlief, denn Friedrich verhandelte mit den Arabern in Palästina, deren Sprache er sprach, und wurde durch seine Heirat mit Isabella von Brienne sogar König von Jerusalem. Er veranlaßte Dichter, in der Sprache des Volkes, also in einem frühen Italienisch, zu schreiben, und wurde damit zu einem Wegbereiter für die Väter der italienischen Sprache, Dante und Petrarca.

Auf der Piazza Settangeli, stehe ich der Rückseite des Domes gegenüber. Hohe Palmen und dieser Dom! Die Mischung von Normannischem und Arabischem. Ein Dom wie eine arabische Festung. Nicht weit davon entfernt der Normannenpalast mit seinen Sälen, geschmückt mit all dem, was arabische Kunst vermochte. Da ist zum Beispiel das Zimmer des Königs Roger. Ornamente, Bäume, Pflanzen und Tiere, Geparden, Pfaue, Schwäne. An der Decke Löwen und merkwürdige Fabelwesen und der Adler mit dem Hasen. Und dann das Allerschönste: die Cappella Palatina, die königliche Kapelle. König Roger II., der Normannenkönig, hat sie zwischen 1132 und 1140 bauen lassen. Der Fußboden ist mit Mosaik belegt, die Wände sind zum Teil aus Marmor, die Holzdecke ist arabisches Werk. Über dem Marmor sind die Wände mit Mosaiken im byzantinischen Stil bedeckt. An der rechten Seitenwand Episoden aus dem Leben Christi, an der linken aus dem Leben der Mutter Gottes. Mosaiken überall: über den Säulen und an den Wänden.

Über dem Hochaltar die Madonna mit dem Kind, flankiert von Heiligen, über ihr Christus. Christus, der Allherrscher, der Pantokrator, ist auch in der Kuppel abgebildet, umgeben von acht Erzengeln, den vier Evangelisten und vier Patriarchen. Und alles ist golden, aus dem Gold von Byzanz.

Nicht weit vom Normannenpalast entfernt liegt das kleine Kloster S. Giovanni degli Eremiti.
Als Roger II., König der Normannen, durch den Papst in seinem Amt bestätigt war, gründete er das erste römisch-katholische Kloster auf Sizilien. Er baute es direkt neben seinen Königspalast. Wahrscheinlich wurden für den Bau des Klosters die Reste einer Moschee verwendet, die ihrerseits auf den Resten eines christlichen Klosters gestanden hatte. Übriggeblieben ist in unserer Zeit nur die Kirche und ein kleiner Kreuzgang, der zu den besonderen Schönheiten Palermos gehört. Das Kloster wurde nicht einem der großen Orden gegeben, den Zisterziensern etwa oder den Cluniazensern, sondern einer kleinen Ordensgemeinschaft von Benediktinern, die sich ganz dem asketischen und mystischen Mönchsideal verschrieben hatten.
So sind als wesentliche Bauelemente für die kleine Kirche heute noch zwei symbolkräftige Formen zu erkennen, der Würfel, der Kubus, und die Kugel, hier in der Gestalt der Kuppel.

Der Kubus symbolisiert irdische Wirklichkeit und die Kuppel, die Kugel, mit ihrer nicht rationalen Größe Pi, die überirdische Wirklichkeit.

Ich trete in den kleinen Garten mit seinen Säulen und Bögen und Mauern. Rosen rot und weiß duften. Exotische Blumen, Oleander. Über den hohen Palmen erhebt sich der Glockenturm und darüber rot eine Kuppel. Vier weitere Kuppeln über der Kirche, über der Vierung und den Apsiden. Ich träume von Balerm, so nannten die Araber ihr Palermo. Ich träume von der großen Stadt mit ihren Moscheen und Palästen, ihren Bädern und Gärten, ihren Bazaren und Schulen. Vergangenheit. Mit dem Tod des großen Friedrich wurde alles zerstört, erfror in der Kälte aus dem Norden. Mit Friedrich gingen auch die Staufer unter. Das große deutsche Kaisergeschlecht.

Ich bummle durch die Marktstraße Vucciria. Lärm empfängt mich, aus dem ich Opernmelodien und Beat erkennen kann. Einer versucht mit seinem Kassettenrecorder den anderen zu übertönen. Unter Sonnendächern alles, was Süden, was Sizilien zu bieten hat. Gemüse, Obst. Da sind die goldenen Apfelsinen, das Gelb der Zitronen, dunkelgrüne Zucchini, nachtschwarze Auberginen, violette und weiße Zwiebeln, rote Tomaten, rote, grüne und gelbe Paprika, Kartoffeln, Zöpfe mit Knoblauch, Kräuterbündel, Trauben, Feigen, Pfirsiche, Äpfel, Nüsse. Und dann Fische, in allen Arten und Größen bis hin zum frischen Thunfisch, von dem die wunderbaren Schnitzel geschnitten werden. Und dann Oktopusse, Kalamaren, Garnelen aller Art und Größe, Muscheln, Austern, Seeschnecken.
An den Ständen der Metzger hängen Lämmer, halbe Ochsen und Schinken und Salami jeder Länge und Stärke und die runden Kugeln der Mortadella. Dort ist ein Stand mit Käse. Pecorino siziliano, natürlich, er ist ja hier daheim, und der süße Ricotta und natürlich Grana Padano und Parmigiano Reggiano, die beiden braucht man für die Pasta. Aber auch Gorgonzola und Bel Paese und Provolone. Italiens Käseherrlichkeit.

Und dann der Händler mit den Oliven. Sind es zehn Sorten oder zwanzig? Und der Weinhändler mit den Weinen des Landes. Und dort gibt es Pasta aller Art und Form. Ein Schlaraffenland. Allein den Duft müßte man vermitteln können. Den Duft, der sich mit dem Lärm vermischt zu jener unnachahmlichen Atmosphäre von Bazar.

Dann ist es Zeit zum Essen. Hier in Palermo ißt man «Pasta con le Sarde», eine Tomatensauce, gewürzt mit wildem Fenchel und Sardellen, wird über die Spaghetti gegeben. Da gibt es «La Caponata». Sie besteht aus Paprikaschoten, Auberginen, Zwiebeln, Tomaten, Oliven und Sellerie.
Die Gemüse werden getrennt gebraten und gemeinsam süßsauer zubereitet. Vielfältig ist die Küche von Palermo. Sie haben alle ihre Spur hinterlassen. Die Araber, die Byzantiner, die Normannen, die Schwaben, die Franzosen, die Spanier. Ihre Spur im Wesen der Menschen und in der Küche.

Geröstete Artischocken

Geröstete Artischocken
(Carciofi arrostiti)

1. 3 l Wasser
Salz
1 EL Zitronensaft
8 Artischocken
2. 2 EL Olivenöl
3 EL Paniermehl
2 Büschel Petersilie, fein gehackt
1 Knoblauchzehe, gepreßt
1 EL Kapern, gehackt
Salz, Pfeffer
3. 4 EL Olivenöl
4 EL Wasser

Wasser und Salz aufkochen. Die Artischocken 10 Min. darin blanchieren. Wasser wegschütten. Die äußeren harten Blätter entfernen, mit einer Schere die Blattspitzen wegschneiden. Den Stielansatz quer durch so abschneiden, daß die Artischocken aufrecht stehen können. Die Blätter auseinanderdrücken, das sich über dem Artischockenboden befindliche «Heu» entfernen. Die Artischocken so in eine ausgebutterte Gratinform stellen, daß sie nicht umfallen können.
Das Olivenöl erhitzen, die Zutaten von 2. darin durchdämpfen, in die Artischocken füllen.
Ringsum mit den Zutaten von 3. angießen. Im auf 125° C vorgeheizten Ofen ca. ½ Std. braten. Die Blätter müssen sich leicht auszupfen lassen.

Thunfisch mit Oregano

Thunfisch mit Oregano
(Tonno riganatu)

4 *Scheiben frischer Thunfisch, ca. 4 cm dick*
4 *EL Olivenöl*
Salz, Pfeffer
4 *EL Oregano, fein gehackt*

Die Fischscheiben in eine Schüssel legen, die übrigen Zutaten beigeben, alles sorgfältig vermengen. Mindestens 1 Std. ziehen lassen, dabei noch mehrmals drehen.
Auf der vorbereiteten Grillglut auf jeder Seite 5 Min. braten.
Vor dem Servieren die Marinade darüber träufeln. Weißbrot dazu.

Karotten in Marsala
(Carote al Marsala)

1. *3 EL Butter*
800 g Karotten, geschält, in feine Scheiben geschnitten
Salz
2. *1 Prise Zucker*
3 EL trockener Marsala
(Ersatz: trockener Sherry)

Die Butter zergehen lassen, die Karotten beigeben, salzen, auf mittlerer Flamme dünsten, bis sie leicht braun werden, den Zucker und Marsala beigeben. Auf kleinem Feuer zugedeckt garen, dauert je nach Alter und Qualität der Karotten zwischen 15 und 40 Minuten. (Bild S. 74)

Huhn nach Jägerart mit Auberginen
(Pollo alla Cacciatora con Melanzane)

1. *4 Auberginen, in 1 cm dicke Scheiben geschnitten*
   1 TL Salz
2. *2 EL Olivenöl*
   1 Knoblauchzehe, gepreßt
   100 g geräucherter Speck, in Würfel geschnitten
   1 Poulet, ca. 1 200 g, in 8 Teile geschnitten
3. *¼ l trockener Weißwein*
   4 Tomaten, würflig geschnitten
   Salz, Pfeffer
4. *3 EL Olivenöl*
   2 EL Petersilie, gehackt

Die Auberginen auf ein Gitter legen, mit Salz bestreuen. 1 Std. stehen lassen. Den entstandenen Saft wegschütten.
Das Olivenöl erhitzen, Knoblauch und Speckwürfel kurz mitdämpfen, die Pouletstücke ebenfalls beigeben, hellbraun anbraten.
Mit dem Weißwein ablöschen. Die Tomaten beigeben. Zugedeckt köcheln, bis die Pouletstücke gar sind und die Sauce eingedickt ist. Evtl. noch etwas Wasser beigeben.
Das Olivenöl von 4. erhitzen, die abgetropften Auberginen darin fritieren, zum Huhn geben, wenn dieses gar ist.
Vor dem Servieren mit Petersilie bestreuen.

Karotten in Marsala, Rezept S. 73

Spaghetti Syrakuserart
(Spaghetti alla Siracusana)

1. 400 g Spaghetti
4 l Wasser
1 EL Salz
2 EL Olivenöl
2. 6 EL Olivenöl
4 Knoblauchzehen, geschält
2 Dosen gesalzene Sardellen, fein zerdrückt
3. 3 EL Olivenöl
6 EL Paniermehl
1 Peperoncino rosso, fein gehackt
20 schwarze Oliven ohne Kerne, gehackt
4. 2 EL Petersilie, fein gehackt
Pfeffer

Das Wasser aufkochen, Salz, Olivenöl beigeben. Sobald sich das Salz aufgelöst hat, die Spaghetti beigeben, al dente kochen (Kochzeit siehe Packung).
Das Olivenöl von 2. heiß werden lassen, die Knoblauchzehen beigeben, leicht anrösten, die Sardellen beigeben, auf kleinem Feuer köcheln, bis sich eine homogene Masse gebildet hat. Die Knoblauchzehen entfernen, Peperoncini, Oliven und Petersilie beigeben.
In einer zweiten Pfanne das Öl von 3. heiß werden lassen, das Paniermehl beigeben und anrösten (Vorsicht, brennt gerne an, ständig rühren).
Die Spaghetti abschütten, 2 EL Spaghettiwasser zur Fischsauce geben, diese und das geröstete Paniermehl unter die Spaghetti mengen.

Spaghetti Syrakuserart

Sesamnougat

(Torrone di Sesamo)

1. 200 g Honig
50 g Zucker
250 g Sesamsamen
2. 50 g Mandeln
3. 2 EL Sonnenblumen- oder Mandelöl

In einer Chromstahlpfanne den Honig erwärmen. Sobald er dünnflüssig ist, den Zucker beigeben. Unter ständigem Rühren aufkochen. Die Sesamsamen beifügen. 5 Min. köcheln (immer rühren). Die Mandeln in einer Bratpfanne ohne Fett rösten, grob hacken, beigeben. Einkochen lassen (rühren!). Das Öl auf ein Backpapier streichen. 1 TL der Nougatmasse daraufgeben. Wenn sie sich vom Papier lösen läßt (nach ca. 3 Min. Kochzeit), den Teig auf das Backpapier schütten. Ein zweites, ebenfalls geöltes Backpapier mit der öligen Seite nach unten darauflegen. Mit dem Nudelholz ca. 1 cm dick rechteckig auswallen. Noch warm in Rhomben schneiden. Auskühlen lassen. In einer Weißblechdose mit Zwischenlagen von Backpapier kühl und trocken aufbewahren. Nach ca. einer Woche werden sie weich. (Bild S. 77)

Haselnußschäumchen

(Spumette di Nocciole)

1. 200 g Haselnüsse
4 Eiweiß
200 g Zucker
Schale einer Zitrone, abgerieben
2. 2 EL Sonnenblumen- oder Mandelöl
2 EL Mehl

Die Haselnüsse in einer Bratpfanne ohne Fett rösten (ständig rühren, brennt sofort an!). Auf ein Küchentuch geben, dieses zur Hälfte über die Nüsse legen. Mit den Händen hin- und herrollen, damit sich die Schalen lösen. Diese entfernen, die Nüsse hacken. Das Eiweiß steif schlagen, dabei nach und nach den Zucker beigeben, zuletzt die Zitronenschale. Zwei Backbleche mit Backpapier auslegen. Diese mit Öl bestreichen, mit dem Mehl besieben.
Kaffeelöffelgroße Häufchen des Teigs mit Abstand darauf geben. Im auf 100° C vorgeheizten Backofen ca. 40 Minuten trocknen. Die Schäumchen müssen trocken sein, dürfen aber keine Farbe annehmen. (Bild S. 77)

Orangengelee

(Gelatina di Arancia)

1. 1 l Orangen- oder Mandarinensaft
abgeriebene Schale einer Zitrone
200 g Zucker
2. 3 EL weißer Rum
3. Gelatine für 1 l Flüssigkeit
4. 1/8 l Rahm

Zucker, Saft und Schale miteinander aufkochen und so lange köcheln lassen, bis sich der Zucker ganz aufgelöst hat. Rum beigeben.
Die Gelatine (Vorschrift auf der Packung beachten) in ganz wenig heißem Wasser auflösen. Den Saft zur Gelatine geben (nicht umgekehrt), gut umrühren, in kalt ausgespülte Förmchen oder in eine Glasschüssel geben. Im Kühlschrank erstarren lassen.
Mit dem Messer den Rand leicht lösen, Form einen Moment in heißes Wasser tauchen. Auf eine kalte Platte stürzen, mit dem geschlagenen Rahm garnieren. (Bild S. 77)

Orangengelee mit Sesamnougat und Haselnußschäumchen, Rezepte S. 76

Venezien

Von Werner O. Feißt

Ich weiß nicht, was ich erwartet hatte. Kathrin hatte mir so viel von dieser Landschaft erzählt und mich neugierig gemacht.
Jetzt waren wir da, und ich war enttäuscht. Und dann habe ich den Fehler gemacht und habe es auch noch gesagt: «Dieses Veneto spricht mich überhaupt nicht an». Jetzt war es an Kathrin, enttäuscht zu sein. Sie hatte mir etwas zeigen wollen, was ihr am Herzen lag, und ich goß kaltes Wasser auf ihre Liebe. Wie begeistert hatte sie auf unserer Fahrt von ihrem Veneto gesprochen: «Kennst du das auch, du kommst in eine Gegend, weißt ganz genau, da warst du noch nie, und trotzdem ist dir die Landschaft vertraut. So ging es mir, als ich die Euganeischen Hügel zum ersten Mal sah. Sie traten aus dem Dunst der Poebene hervor. Wie hingehaucht erschienen sie mir. Irgendwie unwirklich, in graugetönten Pastellfarben, wie von einem Impressionisten gemalt.
Es hat eine Zeit gedauert, bis ich herausfand, woher diese Vertrautheit kam. Da war die Stimme meiner Großmutter, die mir die Geschichte von Adam und Eva vorlas. Da war es auch jenes Bild aus der Kinderbibel, der Garten Eden, Bäume, Blumen, Tiere in einer hügeligen Land-

◀ *Wenn es Nacht wird über Venedig, wird die Lagunenstadt zum Märchentraum*

schaft. Natürlich waren Adam und Eva und die Schlange nicht da. Aber ihre Nachkommen pflügten die Äcker mit Motorengeknatter und Gestank der Traktoren und nicht im Schweiß ihres Angesichts. Trotzdem war es mir, als wäre ich im lebendig gewordenen Bibelbild erwacht.» Und ich habe zu Kathrin gesagt: «Dieses Veneto spricht mich überhaupt nicht an.»

Wir hatten Kathrin abgeholt und kamen auf der Autostrada, der Autobahn, vom Tessin. Es ging die endlose Straße entlang, vorbei an Mailand, Bergamo, Brescia, dem Gardasee und Verona. Dann verließen wir die Autostrada und fuhren übers Land: Armes, zersiedeltes Land.
Ich hatte mit Weite gerechnet, wenigstens mit der scheinbaren Weite der oberrheinischen Tiefebene. Aber die Häuser und Fabriken hörten nicht auf. Auch nicht, als wir in die Euganeischen Hügel heineinfuhren, wenigstens nicht auf den ersten Blick. Später erfuhr ich den Grund. In den sechziger Jahren wurde der ursprüngliche Agrarraum industrialisiert. Der Staat machte das Land zu billigem Bauland, das jeder ungehemmt nutzen durfte, und so verwandelte sich die Landschaft zwischen Verona, Vicenza und Treviso in ein lockeres Gewebe von Städten, Vorstädten, Siedlungen, Einfamilienhäusern, Dörfern, einzelnen Industriebetrieben, durch das man sich erst einmal zu den Schönheiten des Landes durcharbeiten muß. Der Erfolg dieser politischen Maßnahme war die Umstrukturierung dieses Teiles des Veneto, von einer unwirtschaftlichen Kleinlandwirtschaft, die ihre Menschen nicht mehr ernähren konnte und zum Auswandern wenigstens in die Industriestandorte um Mailand zwang, zu einer Zone der Klein- und Mittelindustrie: Metallverarbeitung, Möbel, Textilien, Schuhe, Keramik, Schmuck. Eine gesunde Struktur ist entstanden mit verhältnismäßig wenig Arbeitslosigkeit und einigem Wohlstand. Hat der Tourismus Schaden erlitten durch die rücksichtslose Zerstörung der Landschaft? Offenbar nicht, denn das Veneto ist noch immer mit 18% am italienischen Gesamttourismus überproportional beteiligt, liegt sogar an erster Stelle aller italienischer Regionen. Allerdings, das Veneto, das sind natürlich nicht nur die Euganeischen Hügel. Veneto, das ist das Land zwischen dem Ostufer des Gardasees und dem Golf von Venedig, das Land von den Dolomiten bis zum Po. Die Städte Verona, Vicenza, Padua und Treviso gehören dazu, Hochgebirge und Meeresküste, Hügelland und endlose Ebenen, von Kanälen und Alleen durchzogen, Alleen wie mit dem Lineal entworfen, Lagunen und die Mündungsgebiete von Etsch und Po. Und diese naturgesegnete Region zieht natürlich Touristen an. Sie wandern in den Dolomiten, sie baden an der Adria und am Gardasee, sie sind Kurgäste in Abano und Montegrotto und in Galzignano, womit wir wieder in den Euganeischen Hügeln wären.

Das Hotel im Kurviertel von Galzignano. Kathrin kurt hier. Galzignano gehört mit Montegrotto und Abano zu den Orten des Veneto, die seit alters für die Heilwirkung ihrer heißen Quellen bekannt sind. Es waren ursprünglich tatsächlich Quellen, aus denen das heiße Wasser an die Oberfläche sprudelte. Inzwischen hat man der Natur mit Bohrungen nachgeholfen und entnimmt im ganzen Gebiet pro Sekunde 1.200 Liter Thermalwasser mit einer Temperatur zwischen 75 und 85 Grad.

Die Römer, die das Veneto im 2. Jahrhundert v.Chr. in ihr Imperium eingliederten, machten aus Montegrotto ein glänzendes Heilbad, von dessen prachtvoller Ausstattung Ruinen und Bodenfunde zeugen, das aber auch von den Dichtern und Schriftstellern der Zeit gerühmt wurde. Sie badeten, tranken das Wasser und ließen sich in den schwarzen Schlamm aus den Quellen einpacken. Die Fangobehandlung geht auf die Römer zurück. Gut gegen Entzündungen, Rheuma vor allem und zur Stärkung des Immunsystems. Natürlich gab es ein Theater, Tempel, eine Wandelhalle. Abano war damals das zu Montegrotto gehörende Wohnviertel. Der römische Kaiser hatte in Montegrotto seinen Palast. Die vornehmen Römer verbrachten in Montegrotto und Abano ihre Ferien. Aber Montegrotto war nicht nur Kurort und Ferienort. Schon die Menschen im zweiten Jahrtausend, das uralte Volk der Euganeer, hatte um die Heilwirkung gewußt und den Gott verehrt, den Gott der Quellen, der nicht nur heilte, sondern auch die Zukunft wußte. Diesen Gott verehrten auch die Römer. In Montegrotto hatte er einen Tempel, und in Montegrotto wurde auch sein Orakel befragt.

Wir wollen weder die Zukunft wissen noch kuren. Wir haben Kathrin hierher gebracht zur Kur und wollen uns von ihr das Veneto zeigen lassen. Abendessen im Hotel. Ein Buffet mit den Ausmaßen des Schlaraffenlandes.

Die Küche des Veneto ist ein Spiegelbild seiner weltoffenen Bewohner, die seit eh und je Anregungen von außen aufnehmen. Schließlich ist das Veneto auch das Hinterland Venedigs, und Venedig war in seinen großen Zeiten im ganzen östlichen Mittelmeer präsent, schöpfte seinen Reichtum aus dem Orienthandel, war über die arabischen Karawanenstraßen mit Indien und den Gewürzinseln verbunden.

Das Veneto selbst ist eine Schatzkammer an guten und frischen Lebensmitteln. Da sind die fischreichen Flüsse Po und Etsch, da sind die Kanäle, die fruchtbaren Ebenen mit ihrem Gemüse, mit Reis und Getreide, da sind die Lagunen mit ihren Wasservögeln, die Fische der Adria und der Wildreichtum der Voralpen und der Dolomiten. Wild und Fisch sind die zwei Schwerpunkte dieser Küche.

Da sind die Antipasti aus Meeresfrüchten, Muscheln, Krabben, Tintenfischen, Kalamaren, Krebsen, da ist die weiße und die gelbe Polenta, die im Veneto oft an die Stelle der Pasta tritt, oder Reisgerichte, die dieselbe Funktion übernehmen, Reis mit Erbsen zum Beispiel, mit Spargel, mit Radicchio, mit Artischocken, Pilzen, Schnecken . . . .

Da ist die gefüllte Ente, das Entenklein in «Bigoli», einer hausgemachten Nudelart, Perlhuhn in scharfer Sauce, die aus Sardellen, Ochsenmark und Semmelbrösel hergestellt wird. Diese «Salsa peverada» wird auch zum Bollito misto, dem gemischten Suppenfleisch, gegessen. Kapaun mit Suppengemüse und Gewürzen in einer Schweinsblase gegart, Schweinebraten in Essig und Wein eingelegt und in Milch gegart, Hühnerragout in Rotwein, Ragout aus Pferdefleisch mit Tomaten und Zimt in Rotwein geschmort, mit Speck und Salbei umwickelte Vögel, am Spieß gebratene Tauben. Stockfisch mit Zwiebeln, Gewürzen und Olivenöl in Milch gegart. Stockfisch mit Olivenöl und Pfeffer im Mörser zu einer Paste zerstoßen, gegrillte Aale, Süßwasserkrebse in Knoblauch und Petersilie gedünstet, und der Risotto nero, der Reis, der mit der Tinte von Tintenfischen zubereitet wird.

Wir fahren in die Hügel. Zunächst auf der Landstraße, und dann zweigen wir ab auf eines der kleinen Sträßlein. Es ist Frühling. An den Häusern hängen wie Girlanden die langen Rispen der Glyzinien. Apfelbäume blühen und der merkwürdige Judasbaum mit seinen Blüten, die direkt aus der Rinde kommen, und Blumen. Gelbe Ginsterbüsche duften am Straßenrand. In ganzen Feldern mit Rosmarin summen die Bienen, sammeln von den blauen Blüten den raren Honig.

Die Form der Hügel erinnern mich an angenehme weibliche Formen. Sie sind rundherum bewachsen. An den Nordhängen meist mit Kastanienwäldern. An den Südhängen wachsen Weinstöcke und Ölbäume. Dazwischen Wiesen und Felder und jenes undurchdringliche Pflanzenchaos, das man Macchia nennt und das gegenwärtig in Blüte steht.
«Es sind hundert Hügel», sagt Kathrin und sie fügt hinzu, «entstanden sind sie vor Millionen von Jahren durch Vulkane.» Kleine Dörfer, einzelne Bauernhäuser, Kirchen, ein Kloster, eine kleine Allee mit dunklen Zypressen.
Mein erster Eindruck war der einer Landschaft ohne Höhepunkte. Jetzt nimmt die Landschaft für mich Struktur an. Jetzt setzen Häuser, Kirchen und Baumgruppen Akzente, jetzt erkenne ich den Grundton der Landschaft: sanfte, überschaubare, menschengemachte Landschaft. Mit Ruheräumen fürs Auge. Im Gegensatz zur Ebene wurden die Hügel von der Zersiedelung ausgenommen. Ich beginne Kathrin zu verstehen. Dies ist der vollkommene Gegensatz zu ihrem schroffen, pittoresken Verzascatal. Das, was sie dort nicht hat, ihr heimlicher Garten Eden. Ich bekomme Lust, in den Hügeln zu wandern. Sie haben etwas vom Kaiserstuhl – ach ja, die vulkanische Herkunft und die Weinstöcke.

In der Randzone der Hügel sind es die Villen, die Akzente setzen. Eiserne Gitter um einen großzügigen Park mit Teichen, Brunnen, Enten, Goldfischen, marmornen Göttinnen und Göttern, exotischen Bäumen und Büschen. Und das Gebäude, reine Renaissance oder auch reiner Barock. Die Hügel waren spätestens seit dem 16. Jahrhundert ein beliebter Ort, um wenigstens einen Teil des Jahres dort zu wohnen. Nachdem die Türken das östliche Mittelmeer beherrschten und portugiesische Seefahrer den Seeweg nach Indien gefunden hatten, spielte Venedig als Handelsmacht zwischen Orient und Okzident keine Rolle mehr. Ehe der Abstieg begann, wendete es sein Interesse seinem Hinterland, eben dem Veneto zu. Sümpfe wurden entwässert und das Land zwischen Po und Etsch urbargemacht. Kanäle wurden gebaut und waren die Verkehrsadern des Landes. Zugleich stilisierten die Philosophen der Renaissance, die Humanisten, die Landarbeit zur moralisch wertvollen «heiligen Agrikultur». Ein Stück auf dem Weg zum wahren Menschsein. Plötzlich ist von der «Glückseligkeit des süßen Lebens auf dem Lande» die Rede.
Die Großgrundbesitzer bauten sich Villen, von denen aus sie über ihre Landarbeiter und Ländereien herrschten. Die Villen als Zentren von Landgütern. Die Villen waren zum Teil Abbilder von venezianischen Palazzi. Zum Teil haben sie einen eigenen Stil, der sich mit einem Architekten namens Palladio verbindet.
Nun ist das Leben in und auf den Euganeischen Hügeln gewiß angenehmer als in der Ebene. Im Winter, wenn die Poebene endlos unter einer dichten Nebeldecke liegt, haben die Hügel oft Sonne. Im Sommer ist es in den Hügeln kühler als in der Ebene.
«Weißt Du eigentlich, daß Petrarca in den Euganeischen Hügeln die letzten Jahre seines Lebens verbracht hat», sagt Kathrin, «sein Haus soll in Arqua stehen.» Und wir beschließen, Petrarca unsere Aufwartung zu machen. Wir fahren über Valsanzibio, vorbei an dem kleinen See von Costa di Arqua in die Ortschaft Arqua. Es ist ein mittelalterliches Dorf, das sein ursprüngliches Aussehen zum großen Teil bewahrt hat. Mich beeindrucken die alten mittelalterlichen Häuser in den engen Gassen. Und wären da nicht Mopeds und geparkte Autos, wäre es leicht, sich zurückzuträumen in vergangene Jahrhunderte. Dann stehen wir vor dem Haus des Dichters. Olivenbäume und Wein-

reben wachsen in dem kleinen Garten. Darüber das Haus. Die Zeit hat es verändert. Eine Loggia wurde angebaut. Die Zimmer wurden mit Fresken ausgemalt. Es ist ein Museum mit vielen Dokumenten und persönlichen Gegenständen des Dichters.

Ein würdiger Herr erzählt uns vom Leben des Dichters. Hier habe er in seinen letzten Jahren seine Werke überarbeitet, Übersetzungen geschrieben aus dem Latein und viele Briefe, vor allem an seinen Freund Francesco da Carrara aus Padua. Nach der Überlieferung starb er am 18. Juli 1374, während er in der Äneis las, in jenem Epos des Dichters Vergil, das von der Gründung der Stadt Rom durch Flüchtlinge aus Troja handelt. Ich will mehr wissen über Petrarca und erhalte bereitwillig Auskunft.

1304 ist er geboren in Arezzo als Sohn eines Notars aus Florenz. Der wurde 1311 aus Florenz verbannt, wahrscheinlich weil er der falschen Partei angehörte, und ging mit seiner Familie nach Avignon an den Hof des Papstes.

Petrarca war 13 Jahre alt, als er in Montpellier mit dem Studium der Rechte begann. Dann studierte er in Bologna. Aber er wurde kein Rechtsgelehrter. Er wurde Geistlicher. In Avignon wurde er zum Priester geweiht. Er war 22 Jahre alt. Ein Jahr später begegnete er – so berichtet er wenigstens selbst in einem Buch – in einer Kirche in Avignon einer Frau, die er Laura nannte. Diese Begegnung wurde für ihn zur Begegnung seines Lebens. In Gedichten und Liedern besang er seine Liebe und Verehrung zu eben dieser Laura und wurde so als Dichter bekannt. Bis zu seinem 45. Lebensjahr lebte er im wesentlichen auf seinem Landgut bei Avignon.

Ab 1353 lebte er in Mailand bei den Visconti, ging als Gesandter an den Hof nach Prag zu Kaiser Karl IV. Ab 1362, er war 58 Jahre, war er meist in Venedig, später in Padua und dann in Arqua. Sein Einfluß auf die Dichtung seiner Zeit ist groß. Mit ihm beginnt der Dichter seine subjektiven Gefühle und die Innerlichkeit seiner Seele zu reflektieren.

Sein Ruhm aber beruhte besonders auf einer Anleitung zum Leben im christlichen Sinn.

Nach seinem letzten Willen wurde er an einem «würdevollen Ort bei der Pfarrkirche» begraben. Man sagt, am Tag seiner Beerdigung war der Kanal, der von Padua bis nach Rivella führt, dem nächsten Ort am Kanal, von Arqua aus gesehen, buchstäblich von Booten verdeckt, so zahlreich waren die Menschen, die ihm die letzte Ehre geben wollten.

Ich sitze im kleinen Garten des Petrarca-Hauses. Kathrin ist telefonieren gegangen und ich sinne über den Dichter nach, der hier in diesem Haus mit dem wunderschönen Blick in die Hügel alt geworden ist. Die Erinnerung an Laura war sicher noch immer um ihn. Die Träume seiner Jugend, die er in seinen Gedichten solch strenger psychologischer Analyse unterzogen hat.

Ich versuche, ihn mir vorzustellen, wie er am Fenster steht und in die Landschaft hinausschaut. Es ist spät im Jahr und die Bauern ernten die Trauben von den Rebstöcken. Eine müde Sonne hüllt die Hügel in ihr Licht. Gelbes Laub und die scheinbare Zeitlosigkeit der Zypressen.

Wir fahren weiter. Unser Ziel ist der Monte Fasolo. Wir lassen das Auto stehen und gehen das letzte Stück zu Fuß. Der Hügel liegt voll in der abendlichen Sonne. Reben wachsen zu unserer Linken. Wir gehen weiter, bleiben stehen, blikken hinunter in die Senken und Täler zwischen den Hügeln. Gegenüber erhebt sich der Venda, mit 601 Meter der höchste Hügel und zugleich der Mittelpunkt der ganzen Gruppe. Die Reste eines Klosters sind auf seinem Gipfel zu sehen und Antennen. Dann kommen wir an die Kapelle des heiligen Gaetanus. Sie steht auf dem Gipfel des Monte Fasolo und ist umgeben von Zypressen, die wie Flammen auf der Wiese stehen. Diese Wiese ist bedeckt mit Tausenden von Gänseblumen. Unterhalb der Kapelle ist ein großes Weingut. Kathrin will es besuchen. Da es spät ist am Nachmittag, ist nur noch der Besitzer selbst da. Er heißt uns freundlich eintreten, und dann müssen wir seine Weine versuchen. Als erstes trinken wir einen Prosecco, einen Schaumwein, dann kommen Weißweine an die Reihe und Rotweine. Wir nippen nur an den Probiergläsern. Zu groß ist die Versuchung und zu weit ist der Heimweg.

Dieses Weingut auf dem Monte Fasolo aber ist ein typisches Beispiel dafür, welch wunderbare Weine man in kleinen unbekannten Weingütern finden kann.

Übrigens gehört das Veneto zu den vier größten Weinanbaugebieten Italiens. Hier ist der Bardolino daheim und der Valpolicella, von hier kommen die Weine der Colli Berici, hier ist das bedeutende Weinzentrum Breganze.

Am nächsten Tag ist Sonntag. Irgendwer hat uns gesagt, in Teolo sei Gnocchi-Fest. Also fahren wir über die Berge nach Teolo. Es ist ein wunderschöner Morgen. Die Hügel liegen im Frühlicht. Zwischen den Hügeln hängt noch der Dunst. Kleine Dörfer, Bauernhöfe, Kirchen. Immer wieder Durchblicke aus dem Wald, durch den wir zeitweilig fahren, und von der Höhenstraße. Und dann kommen wir nach Teolo. Es ist elf Uhr morgens. Der kirchliche Teil des Festes ist vorbei. Das Gnocchi-Machen ist in vollem Gang.

Gnocchi – einer meiner Freunde sagt Knotschki – wird wie Njocki ausgesprochen, und man erkennt deutlich die Sprachverwandtschaft zum österreichischen Nockerl, was kein Wunder ist. Dieses Land, das Veneto, war immerhin bis 1859 österreichisch. Im Augenblick sind ungefähr zwanzig Männer und Frauen und Kinder daran, die Gnocchi herzustellen. Da werden in großen Schüsseln die Hauptzutaten gebracht: gekochte Kartoffeln, die vermutlich während des Gottesdienstes in Kesseln gegart wurden. Sie werden geschält. Das ist vor allem die Aufgabe der Kinder. Dann werden sie durch große Mühlen gedreht und kommen als Brei auf den Tisch. Dort werden sie – vermutlich von Köchen – in Empfang genommen, mit Mehl und Eiern verknetet und natürlich mit Salz und Muskat gewürzt. Drei Männer sind nur mit dem Herstellen des Teiges beschäftigt. Dann wandert der Teig weiter und wird zu langen dünnen Würsten ausgerollt. Am Schluß stehen zwei, die schneiden diese Würste in kleine Stücke, die ein allerletzter in das kochende Wasser eines großen Kessels über dem Feuer gibt. Wenn sie gar sind, steigen sie auf und werden von demselben Mann mit einem Schaumlöffel herausgenommen und auf Teller verteilt.

Wir stellen uns an für eine Portion Gnocchi. Wir bekommen einen Teller, dann kommen die Gnocchi darauf. Und dann wird die Frage gestellt: «Mit Tomatensauce oder Salbeibutter?» Ich entscheide mich zunächst einmal für Salbeibutter mit dem Hintergedanken, die Gnocchi auch mit Tomatensauce zu probieren. Natürlich nicht aus Verfressenheit, sondern aus rein wissenschaftlichen Gründen. Wir suchen uns einen Sitzplatz. Die Gnocchi schmecken wunderbar. Um uns herum kauende und schmatzende Menschen. Ich beobachte zwei Kinder. Beide etwa fünf oder sechs Jahre alt, ein Junge und ein Mädchen. Er bekommt von seiner Mutter einen Teller mit Gnocchi und eine Gabel. Mit dem begibt er sich zu seiner Freundin, die aber schon einen Teller hat. Hoffnungsfroh sagt er etwas zu ihr. Ich nehme an: «Darf ich Dir die Hälfte meiner Gnocchi geben?» Aber das Mädchen dreht sich weg, scheint zu sagen: «Geh weg mit dem Zeug, ich bin froh, wenn ich meine

Battaglia, Häuser am Kanal träumen von Venedig

gegessen habe.» Resigniert trottet er davon. Einige Zeit später sehe ich, wie er einen Hund füttert, der scheints Gnocchi mag. Immer mehr füllt sich der Marktplatz von Teolo. Dann stelle ich fest, daß es eben doch nicht nur Gnocchi gibt, sondern auch Würste vom Grill und Polenta vom Grill, und jetzt verlangt meine Neugierde auch das Probieren einer Wurst. Sie schmeckt ganz gut, aber halt ganz anders als im Wurstland Deutschland. Reumütig kehre ich zu den Gnocchi zurück.

Inzwischen ist die Stadtkapelle gekommen und spielt muntere Musik zum großen Essen. Wir sitzen noch, trinken ein Glas roten Wein. Dann sagt Kathrin, daß sie jetzt einen Espresso braucht und etwas Süßes. Wir brechen auf und fahren nach Montegrotto, wo es wunderschöne Straßencafés gibt. In Teolo aber läuft die Gnocchi-Herstellung auf Hochtouren.

Vor dem Dorfrestaurant beginnen die ersten Paare zu tanzen, das Fest nähert sich neuen Höhepunkten.

Wir fahren nach Battaglia. Es sind ein paar Kilometer von Galzignano, es geht über die Eisenbahn und dann sind wir am Kanal. Mich fasziniert die Brücke. Wir halten an. Ich gehe in die Mitte der Brücke und schaue nach Süden.

Links und rechts vom Kanal liegen die Häuser von Battaglia. Eine Kirche, und gleich bei der Kirche schlägt eine andere Brücke einen Bogen über den Kanal, als wäre sie nicht in Battaglia, sondern in Venedig. Und auch die Häuser von Battaglia, eng nebeneinander sich drängend am Kanal, spiegeln sich in seinem Wasser, als träumten sie davon, venezianische Palazzi zu sein. Der Kanal verbindet die beiden Flüßlein Frassine und Bacchiglione und verbindet Padua über Battaglia mit Monselice, Este und der Etsch und über die Etsch mit Verona und Ferrara. Für das Mittelalter eine schnelle Verkehrsverbindung für Menschen und Güter. Der Kanal zog im Mittelalter Gewerbe an. Es entstanden Mühlen, Sägereien und sogar eine Papierfabrik. Ich schaue nach der anderen Seite. Dort führt ebenfalls eine Brücke über den Kanal, flankiert von Pfeilern mit Göttern und Helden.

Ein müder Herkules stützt sich auf seine Keule. Dahinter liegt ein Schloß, eine Villa, die Privatvilla der Beatrice degli Obizzi. Der Sohn der Beatrice war ein berühmter General von Venedig und er erfand eine Kanone, die nach ihm, «Obizze», genannt wurde, woraus sich wie man unschwer hört, das Wort «Haubitze» entwickelt hat. Die Villa, oder sagen wir vielleicht doch besser das Schloß, hat 350 Zimmer, zum Teil mit Fresken und angefüllt mit Waffensammlungen, Münzen, Musikinstrumenten und archäologischen Funden. Die Österreicher haben einen Teil mitgenommen nach Wien. Der weitläufige Englische Garten geht in einen Wald über. Er ist heute ein privates Jagdgebiet.

Wir fahren am Kanal entlang nach Süden. Nach ein paar Kilometern beginnt das Städtchen Monselice. Häuser am Kanal. Eine Stadtmauer und dann müssen wir unser Auto parken, denn die Straßen von Monselice gehören heute dem Wochenmarkt. Marktstände mit den Herrlichkeiten des Gemüsegartens Veneto.

Salat der unterschiedlichsten Art. Ein Berg Ruccola. Man nennt ihn auf deutsch Rauke. Seine Blätter schmecken scharf und eignen sich ebenso, einen Salat zu würzen, wie als rohe Zugabe zu Fleisch. Junge Karotten, Erbsen, Bohnen. Eine Bäuerin richtet Artischocken, indem sie die spitzen Blätter abschneidet und so die Artischocken für die bequeme Zubereitung fertig macht. Ich sehe vier Sorten Spargel an einem einzigen Stand. Wunderbarer frischer Spargel. Schneeweiß, mit violetten Köpfen: der Cavaillon-Spargel, dicke grüne Spargel und dünnen Wildspargel. Und dann Salami und Schinken und die Stände mit den großen Käse-

Schloß der Beatrice

rädern, Käse, die keiner bei uns kennt, Grana, Pecorino, Stracchino und Asiago.
Aber damit ist es nicht getan. Auf dem Hauptplatz der Stadt stehen in mehreren Doppelreihen die Stände, wo es nun alles zu kaufen gibt: Kochtöpfe und Küchengeräte, Elektrowaren und Möbel, Teppiche und Unterwäsche, Socken und Hüte, Anzüge und Schuhe, einfach alles. Ich habe Mühe, Kathrin durch den Markt zu ziehen. Eigentlich interessiert sie alles. Sie will zwar nichts kaufen, aber wenigstens die Preise vergleichen. Und dieser Vergleich fällt natürlich sehr zugunsten Italiens und des Marktes aus. Aber dann wird sie schwach: Bücher. Nicht irgendwelche Bücher, sondern Kochbücher, die haben es Kathrin halt angetan.
Dann steigen wir am ehemaligen Leihhaus vorbei den Weg zum Hügel hinauf, der sich hinter dem zentralen Platz von Monselice erhebt. Da ist zunächst die Ca' Marcello, das Castell des Ezzelino da Romano, der ein skupelloser Tyrann war, in dem das Volk eine Verkörperung des Teufels sah. Er wurde unterstützt von Kaiser Friedrich II. von Hohenstaufen.
Wir kommen vorbei an Villen und an der Kirche der heiligen Justina, dem alten Dom von Monselice, der aus dem frühen 13. Jahrhundert stammt. Wir kommen dann durch ein Tor, auf dessen Pfeilern rechts der Stauferlöwe sitzt und links ein Löwe, der die Macht der Kirche verkörpert. Dann führt der Weg hügelaufwärts an sechs Kapellen vorbei. «Romanis Basilicis Pares», nennt eine Inschrift diese Kapellen. Sie sind den Hauptkirchen Roms gleichgestellt und Pilger, die sie besuchen, erhalten laut einem Erlaß des Papstes Paul V. von 1605 denselben

Ablaß wie bei einem Besuch der Hauptkirchen Roms. Die letzte, siebte, größere Kapelle, die bereits auf dem Gelände der Villa Duodo steht, müßte zwar konsequenterweise St. Peter heißen, heißt aber San Georgio aus Erinnerung an eine aus langobardischer Zeit stammende abgerissene Kirche.
Wir sind an der Villa Duodo, 1595 gebaut, mit einem wunderschönen Hof und breiten Treppen, die weiter den Hügel aufwärts führen. Kathrin und ich ruhen uns aus. Kathrin beschäftigt sich mit den Ablässen, die an den Kapellen zu gewinnen sind. Für sie als Protestantin haftet dem Wort Ablaß ein gewisser Hautgout an. Ich versuche ihr zu erklären, daß man neuerdings oft von dem karmischen Charakter von Krankheiten spricht und dabei meint, daß das schlechte Gewissen über begangene Missetaten die Ursachen solcher Krankheiten sei, daß sich der Mensch sozusagen selbst für seine Sünden bestraft. Und da könne man doch dem Ablaß schon einen gewissen Sinn beimessen. Wir werden uns mal wieder nicht einig. Es ist Zeit zum Mittagessen.
Das Merkwürdige dieses Landes wird mir in dieser kleinen Stadt klar. Überall sind die Spuren der Vergangenheit. Monselice war schon zur Römerzeit für seine Steinbrüche bekannt. Langobarden hatten hier eine Burg. Das Mittelalter baute die Befestigung unbezwingbar aus. Selten habe ich Geschichte so greifbar erlebt und so konzentriert wie hier im Veneto, in den Euganeischen Hügeln. Das Bewußtsein, Teil der Geschichte zu sein. Übergang zwischen Gestern und Morgen. Es drängt sich einem auf. Auch das ist das Veneto.
Seit unserem Besuch sind ein paar Jahre vergangen, und ich ertappe mich gelegentlich, daß ich Heimweh habe nach den Euganeischen Hügeln.

Venedig

Von Kathrin Rüegg

Lieber Werner,
Du beschreibst hier das Veneto – und nur ganz am Rande erwähnst Du Venedig. Daß Du «mein» Veneto irgendwie ablehnst, ist ganz allein meine Schuld: Ich habe es Dir durch die Hintertür eintretend gezeigt: Mit dem Auto von Mailand her kommend.
Wie anders wäre Dein erster Eindruck vom Veneto gewesen, wären wir zuerst – vom Meer her – nach Venedig gefahren. Ich tat das vor vielen Jahren. Und jene traumhafte Beschwingtheit überkommt mich seither jedesmal, wenn ich in Venedig bin, in dieser Märchenstadt aus zu Filigran gewordenem Stein, die aus dem Wasser ragt. Auch Du könntest Dich dem seltsam poetischen Zauber nicht entziehen. Wasserstraßen, die schwarzen Gondeln, beladen mit allem, was der Mensch zum Leben braucht. Die bunten Pfosten der Landungsstege, die Türme, Paläste, Kirchen. Und das alles belebt von Menschen, die allesamt durch diesen Zauber beschwingt scheinen.
Hätte ich noch einen allereinzigen Wunsch in meinem Leben offen: Es wäre ein September, den ich in Venedig verbringen dürfte. In einer Wohnung mit Dachgarten an irgend einem der Kanäle. Vielleicht würdest Du mich dort besuchen. Kämst Du aber nicht, dann wüßte ich bestimmt, daß Deine Seele in einem früheren Leben in einem jener bedauernswerten Menschen gewohnt hat, die über die Seufzerbrücke geschleppt worden sind und unter den Bleidächern verschmachteten.
Aber – nicht wahr – Du besuchst mich doch?

Herzlich Deine

Kathrin

Seezungen auf venezianische Art
(Sogliole alla Veneziana)

1. 4 Seezungen zu je ca. 350 g (Ersatz: Schollen), ausgenommen, geschuppt und ohne Köpfe
2 EL Mehl
Salz, Pfeffer
2. 2 EL Olivenöl
1 Zwiebel, fein gehackt
1 Stange Sellerie, fein gehackt
3 EL Sultaninen
2 EL Pinienkerne
3. 3 EL Zitronensaft
1/8 l Wasser
Salz, Pfeffer
4. einige Petersilienzweige

Den präparierten Fisch im kalten Wasser waschen, trockentupfen. Mehl auf einem Teller würzen. Die Fische darin wälzen. Das Öl erhitzen, die Fische auf jeder Seite ca. 4 Min. goldbraun braten. Auf einer vorgewärmten Platte warmstellen.
Im gleichen Öl nach und nach die Zutaten von 2. dämpfen, mit den Zutaten von 3. ablöschen, würzen. So lange köcheln (nicht zudecken), bis die Flüssigkeit eingekocht ist (ca. 15 Min.). Über die Fische geben. Mit Petersilie garniert servieren.

Seezungen auf venezianische Art

Spargelpastete
(Pasticcio di Asparagi)

Teig
1. 500 g *Mehl (Für die Pastete braucht man nicht die ganze Menge Teig. Aus dem Rest macht man Nudeln)*
   4 *Eier, verklopft*
   1–3 EL *Wasser*
   Ersatz: 300 g Lasagne-Nudeln
2. 5 l *Wasser*
   1 EL *Salz*

Béchamel-Sauce
3. 2 EL *Butter*
   2 *gestr. EL Weißmehl*
4. ½ l *Milch oder Hühnerbrühe*
   Salz, Pfeffer
   Muskatnuß, gemahlen
5. 100 g *Parmesankäse, gerieben*

Füllung
6. 2 l *Wasser*
   500 g *Bruchspargel, in 5 cm lange Stücke geschnitten*
7. 1 EL *Olivenöl*
   1 *Zwiebel, fein gehackt*
   1 *Knoblauchzehe, gepreßt*
   2 EL *Petersilie, fein gehackt*
   Salz, Pfeffer

Teig
Das Mehl bergartig auf den Tisch sieben, eine Vertiefung machen, die Eier hineingeben. Mit einer Gabel verrühren, dabei etwas Mehl dazumischen. Dann von Hand weiterkneten. Bei Bedarf wenig Wasser zufügen. Es soll ein kompakter, glatter Teig entstehen. Diesen in ein feuchtes Tuch gewickelt ½ Std. ruhen lassen.

Béchamel-Sauce
Die Butter schmelzen, das Mehl beigeben, gut durchdämpfen. Milch oder Hühnerbrühe dem Pfannenrand entlang beigeben, gut durchrühren, damit keine Knöllchen entstehen. Würzen, 10 Min. köcheln, Topf vom Feuer nehmen, den Käse unterziehen.

Füllung
Das Wasser mit dem Salz aufkochen, das Gemüse darin blanchieren (Spargel ca. 20 Min., Blattgemüse 5 Min.). Das Olivenöl erhitzen, die restlichen Zutaten von 5. darin andämpfen, würzen, das Gemüse beigeben, gut vermengen.

Pastete
Den Teig in mehrere Stücke zerteilen, jedes einzelne auswallen. Je dünner, umso besser. Die Teigplatten, die für die Pastete gebraucht werden, formen wie die vorgesehene Auflaufform. Für die Pastete braucht man 4 Teiglagen. Den Restteig ebenfalls ganz dünn auswallen, locker aufrollen, breitere oder schmale Nudeln daraus schneiden, diese 1 Std. trocknen lassen. Entweder tiefkühlen oder innert 3 Tagen (im Kühlschrank aufbewahrt) für ein Nudelgericht verwenden.

Das Wasser von 1. aufkochen, die Teigplatten darin 10 Min. köcheln. Die Auflaufform gut ausbuttern. Eine Teigplatte hineinlegen. Zuerst Gemüsefüllung, dann Béchamelsauce daraufgeben. Wieder mit einer Teigplatte zudecken usw. Zuoberst eine Lage Béchamel.

Diese Pastete läßt sich auch mit anderen Gemüsearten machen, die man vorher blanchiert. Mit Radicchio rosso (roter Chicorée) wird sie besonders gut.
(Bild S. 91)

Spargelpastete, Rezept S. 90

Ente auf Gemüsebett

Ente auf dem Gemüsebett
(Anatra alla Padovana)

1.	*1*	*Ente, in acht Teile zerteilt*
2.	*2 EL*	*Olivenöl*
	4	*Rippen Stangensellerie, in feine Streifen geschnitten*
	1	*Zwiebel, fein gehackt*
	4	*Karotten, in feine Scheiben geschnitten*
	3 EL	*Petersilie, fein gehackt*
3.	*¼ l*	*herber Weißwein*
	3 EL	*Schnittlauch, fein gehackt*
		Salz, Pfeffer
		evtl. etwas Hühnerbrühe

Falls es sich um eine Wildente handelt, die Fleischstücke 2 Std. in fließendes Wasser legen, um den Wildgeruch zu vermindern.
Das Olivenöl erhitzen, die Gemüse in der angegebenen Reihenfolge nach und nach beigeben, durchdämpfen. Das Fleisch beigeben, ¼ Std. mitdämpfen. Mit dem Weißwein ablöschen. Schnittlauch dazugeben, würzen.
In einer Kasserolle im auf 150° C vorgeheizten Backofen 1½ Std. braten. Gelegentlich durchrühren. Evtl. etwas Fleischbrühe dazugeben. Bratzeit für Wildente 1½ Std., für Freilandente 1 Std.

Risotto mit Zucchini (Zucchetti)
(Risotto con Zucchini)

1. 2 EL Butter
300 g kleine Zucchini, in feine Scheiben geschnitten
50 g Pancetta (Ersatz: Frühstücksspeck), in Streifen geschnitten
1 Zwiebel, fein gehackt
1 Knoblauchzehe, gepreßt
350 g italienischer Reis (Arborio, Carneoli)
2. 200 ml trockener Weißwein
650 ml Hühnerbrühe
100 g Parmesankäse, fein gerieben
3. 2 EL Butter
2 EL Petersilie, gehackt

Die Butter schmelzen, die Zucchini darin andünsten. Die restlichen Zutaten von 1. beigeben, alles gut durchdämpfen. Mit dem Weißwein ablöschen. Auf die Uhr schauen. Nach 18 Min. wird der Reis gar sein. Sobald der Weißwein eingedampft ist, schöpfkellenweise Hühnerbrühe beigeben. Diese immer wieder einkochen lassen. Rühren, bis die 18 Min. um sind. Den Kochtopf vom Feuer nehmen. Die Zutaten von 3. daruntermengen. Zugedeckt 3 Min. stehen lassen (nicht auf die Kochplatte zurückstellen, brennt an). Mit Petersilie bestreut servieren.

▲ *Risotto mit Zucchini (Zucchetti)*

Rinderbraten
(Pastissada da Manzo)

1. 800 g mageres Rindfleisch
3/4 l trockener Rotwein
1 Zwiebel, in Scheiben geschnitten
1 Stange Sellerie, in große Stücke geschnitten
1 Karotte, in Streifen geschnitten
1 Rosmarinzweig

Rinderbraten ▶

3 Gewürznelken
¼ TL Zimtpulver
2. *100 g Spickspeck*
3. *3 EL Tomatenmark*
Pfefferkörner
Salz

Das Fleisch in eine Schüssel (nicht Metall) legen, die Gemüse und Gewürze dazugeben, mit dem Wein übergießen. 24 Std. stehen lassen. Einige Male umdrehen.
Das Fleisch aus der Marinade nehmen, spicken, zusammen mit der Marinade in eine Kasserolle legen. Das Tomatenmark unterrühren. Gut verschlossen zwei bis drei Stunden köcheln lassen (hängt von der Qualität des Fleisches ab). Das Fleisch aus der Sauce nehmen, warmstellen. Die Sauce abseihen, auf die Hälfte der Flüssigkeit einkochen. Das Fleisch am Stück auf einer warmen Platte servieren. Mit etwas Sauce übergießen. Den Rest der Sauce in einer Saucière servieren. (Bild S. 93)

Kartoffelgnocchi
(Gnocchi di Patate)

1. *1 kg Kartoffeln, in der Schale gekocht, sofort geschält und mit der Kartoffelpresse durchgedrückt*
2 Eier
Salz
200–350 g Mehl (diese Menge variiert je nach der Kartoffelsorte und deren Alter)
2. *5 l Wasser*
1 EL Salz

Die Kartoffeln mit den Eiern und dem Salz vermengen. Dann nach und nach Mehl dazumischen, bis ein glatter Teig entsteht, der nicht an den Händen klebt. Diesen in faustgroße Stücke teilen und daumendick ausrollen. Die Rollen in etwa 1½ cm lange Stücke schneiden. Das Wasser mit dem Salz aufkochen. Die Gnocchi portionenweise beigeben, köcheln lassen, bis sie an die Oberfläche steigen (ca. 3–4 Min.). Mit einer Schaumkelle auf eine vorgewärmte Platte geben.

Brottorte
(Torta Nicolotta)

1. *300 g altbackenes Brot, in Würfel geschnitten*
1 l Milch
2. *200 g Weinbeeren*
4 EL Rum
3. *100 g Butter, geschmolzen, aber nicht heiß*
150 g Zucker
100 g Orangeat und Zitronat
1 Msp. Zimt
5 Eier
4. *1 EL Butter*
1 EL Paniermehl
5. *3 EL Zucker*

Die Brotwürfel mit der kochenden Milch übergießen. Über Nacht stehen lassen.
Die Weinbeeren mit dem Rum beträufeln, mischen, ½ Std. stehen lassen.
Die eingeweichten Brotwürfel mit den Händen (oder dem Stabmixer) möglichst gut zerkleinern. Die Weinbeeren und die Zutaten von 3. dazumengen.
Eine Springform ausbuttern und mit dem Paniermehl bestreuen. Den Teig einfüllen und mit dem Zucker bestreuen. Im auf 180° C vorgeheizten Ofen ca. 1 Std. backen. Lauwarm oder erkaltet servieren.

Sandtorte

Sandtorte
(Torta sabbiosa)

1.	*150 g*	*Butter, zimmerwarm*
	3	*Eigelb*
	200 g	*Zucker*
		abgeriebene Schale einer Zitrone
2.	*150 g*	*Kartoffelmehl*
	150 g	*Weißmehl*
	1	*Briefchen Backpulver*
3.	*3*	*Eiweiß*
		Salz
4.	*2 EL*	*Puderzucker*

Butter, Zucker und Eigelb mindestens 15 Min. schaumig rühren.
Die Zutaten von 2. miteinander vermengen und nach und nach über den Teig sieben. Gut einarbeiten.
Das Eiweiß mit dem Salz zu steifem Schnee schlagen, unterheben.
Im auf 180° C vorgeheizten Ofen ca. ½ Std. backen. Türe nicht öffnen!
Mit dem Puderzucker bestreut servieren.

Dalmatien, z.B. Dubrovnik

Von Werner O. Feißt

Natürlich war es vor dem Krieg.
Vor diesem dummen Krieg aller gegen alle, in dem es so ungeheuer wichtig war, mit Artillerie die Perle der Adria zu beschießen: Dubrovnik. Einmaliges zu zerstören wie Trebinje, wo ein Stück Orient lebendig geblieben war, ein Hauch vom Geist aus Tausendundeinernacht, oder Mostar, und, und.
Natürlich ich weiß, da ist von alten Rechnungen die Rede, die präsentiert wurden. Aber wo käme Europa hin, wenn alle alten Rechnungen präsentiert werden würden.

Also, es war in den Zeiten des alten sozialistischen Jugoslawien. Tito lebte noch und mit ihm die Ordnung im explosiven Völkergemisch.
Ich hatte in Dubrovnik zu tun. Mein Flug ging über Zagreb. Dort hatte ich zwei Stunden Aufenthalt. Ich erinnere mich an Hunger und Durst, weil es kein Restaurant gab und im Kiosk nichts als ein paar Kekse zu kaufen waren. Es ging gegen Abend, als das Flugzeug auf dem Flugfeld von Dubrovnik ausrollte. Die Türen wurden geöffnet. Es wehte warm herein. Auf dem Flugplatz Militär, Soldaten mit grimmigen Gesichtern, MPs im Anschlag, martialisch, einschüch-

◀ *Dubrovnik, Stadt im Meer*

ternd. Mit dem Bus nach Dubrovnik. Der Bus hält an meinem Hotel. Einchecken. Freundliche Menschen. Mein Zimmer liegt im siebten Stock, aber der Lift ist kaputt. Also steige ich zu Fuß hinauf. Ein junger Mann bringt mir den Koffer nach. Sozialistische Wirklichkeit. Aber dann freue ich mich über das Zimmer im siebten Stock mit Balkon zum Meer. Ich kann hinüber schauen nach Dubrovnik. Die Sonne geht unter. Die Stadt liegt als Silhouette im goldenen Meer. Es ist einfach schön. Bernard Shaw kommt mir in den Sinn, der Spötter. Er hat die Stadt ein Paradies auf Erden genannt. Vorläufig ist sie für mich ein Versprechen. Draußen im Meer grad gegenüber liegt Lokrum, die Liebesinsel. Sie hat dem Erzherzog Ferdinand Maximilian von Österreich gehört, als Dubrovnik und Dalmatien im 19. Jahrhundert österreichisch waren. Es war jener Maximilian, der voller Fantasie und Neigung zum Romantischen Seereisen liebte und ferne Länder und den man dann überredet hat, Kaiser von Mexiko zu werden. Und das nahm bekanntlich ein schlimmes Ende.
Ich wäre ja auf der Liebesinsel geblieben. War sie nicht romantisch genug? Aber auch dem nächsten Besitzer hat sie offenbar kein Glück gebracht. Nach dem Tod Maximilians kam sie an den österreichischen Thronfolger Rudolf, und der brachte sich 1869 in Mayerling um. Eine Frau war im Spiel. Liebesinsel!

Zu meinem Hotel gehört eine wunderschöne Taverne, ist ein umgebautes Kirchlein. Die Taverne ist zweistöckig. Eine Decke ist eingezogen. Ich frage den Kellner nach dem, was man in Dalmatien ißt. «Suppa od Ostriga», sagt er kategorisch.
Ich frage: «Was ist Ostriga?»
Er sagt: «Tier aus harter Schale.»
«Muscheln?»
«Nein», sagte er, «anderes Tier.»
«Auster, natürlich Austern. Heißt Auster auf italienisch nicht ähnlich wie Ostriga?»

Und als Hauptgang bestelle ich mir eine Pasticada: Rindfleisch gespickt mit Speck, Knoblauch und Nelken, in Rotwein gekocht mit Dörrpflaumen. Und als Getränk nehme ich einen roten Plavac. Mein Plavac kommt in einem hölzernen Krug, ein halber Liter. Zunächst erscheint es mir viel, dann schmeckt er mir und dann denke ich, es wird kein Problem sein, ihn zu trinken. Schräg gegenüber sitzt ein junger Mann, Jeans, Polohemd, Bart, lange Haare. Er schaut traurig aus. Sein Plavac scheint Trostcharakter zu haben. Wir kommen ins Gespräch. Und dann erzählt er mir, daß er Bademeister ist am Strand meines Hotels. «Eigentlich», sagt er, «eigentlich bin ich orthodoxer Priester, aber mein Gehalt reicht nicht aus für mich und meine Familie. Ich habe Frau und drei Kinder und meine alten Eltern zu versorgen. Jetzt bin ich da, aber was ist das für ein Leben. Was mich am meisten stört, sind diese Weiber, die sich von mir eincremen lassen, drunten am Strand. Jetzt will mich noch eine mitnehmen nach Deutschland als Gärtner.»

Was soll man dazu sagen? Wir sitzen und trinken Plavac. Ich lade ihn zu einem zweiten Krug ein. Er singt ein dalmatinisches Lied. Dann erzählt er mir von Dubrovnik, von dieser schönen Stadt am Meer, von der er als Kind, er kommt irgendwo aus dem Hinterland, immer geträumt hat. Flüchtlinge haben die Stadt gegründet, griechische Flüchtlinge, in der Zeit des Slawensturms.
«Weißt du, Dubrovnik war eigentlich eine Insel. Dort, wo heute die große schöne Straße durch die Stadt führt, die Placa, dort war ein Meeresarm, der die Insel vom Festland trennte. Man hat ihn im 13. Jahrhundert zugeschüttet. Bis zum

13. Jahrhundert gehörte die Stadt und der kleine Staat zu Byzanz, hieß Ragusa, so heißt die Stadt bei den Italienern noch heute. Dann hat Dubrovnik zu Venedig gehört, dann war es selbständig und entwickelte sich zu einem mächtigen Staat an der Adria, trieb Handel zwischen dem Westen und dem Balkan und wurde immer reicher. Es folgte eine Zeit ungarischer Oberhoheit, aber der König in Budapest war weit und die Stadt blieb unabhängig. Italienische Baumeister bauten die Befestigungen, die du heute noch sehen kannst. Die Renaissance zog in die Stadt ein. Es gab Bibliotheken und Hochschulen und eine eigenständige Literatur.
1667 wurde die Stadt von einem Erdbeben fast völlig zerstört. Die Überlebenden der Katastrophe taten sich zusammen und bauten gemeinsam die zerstörte Stadt wieder auf. Erst im 19. Jahrhundert verlor Dubrovnik seine Selbständigkeit, als es von Napoleon erobert wurde und anschließend im Wiener Kongreß an Österreich kam.»

Ich komme von der Straße herunter, vorbei am Fort Revelin und dem St.Lucas-Turm zum Hafen. Es ist ein kleiner Hafen für heutige Verhältnisse: Fischerboote, Yachten. Einst war er die Grundlage der Seehandelsstadt Dubrovnik. Noch immer sind die Gebäude der Arsenale zu sehen, in denen Schiffe gebaut, ausgerüstet und repariert wurden. Man hat den Eindruck, die ganze Stadt lege sich schützend um das Hafenbecken herum. Vor dem Hafen, im Meer, gibt es eine künstliche Insel, die vor allem dem Schutz gegen Eindringlinge diente. Von dieser Insel aus konnte man Ketten zum Land spannen und so feindlichen Schiffen die Einfahrt verwehren. Mächtige Türme flankieren den Hafen, an denen die Festungsmauer beginnt, die die gesamte Altstadt umgibt, fünfundzwanzig Meter hoch und sechs Meter dick, zwei Kilometer lang. Der Hafen war für eine Seestadt immer das wichtigste.

Durch die städtische Glöcknerloge betrete ich die Stadt. Eine große Glocke wird von zwei Bronzesoldaten mit Hämmern geschlagen, um den Bürgern von Dubrovnik die Zeit zu verkünden. Und dann stehe ich am östlichen Ende der Placa.
Aufregend schöne Straße mit weißen Marmorplatten belegt, die im Laufe der Jahrhunderte von den Schuhen unzähliger Menschen blank poliert worden sind. Die Straße glänzt in der Sonne. Schön sind die einheitlichen Fassaden der Häuser an der Placa. Sie erzählen vom einheitlichen Wiederaufbau nach dem großen Erdbeben. Im Sponza-Palast zu meiner Rechten hatte das Gold der Republik das Erdbeben überstanden. Der Palast war so stabil gebaut, daß ihm das Erdbeben nichts anhaben konnte. Er war Bank, Münzstätte und Zollamt in einem.

Schräg gegenüber ist die St. Blasius-Kirche, die Kirche des Stadtpatrons. Sein silbernes Abbild auf dem Altar hält ein Modell des mittelalterlichen Dubrovnik in der Hand.
Zwischen Sponza-Palast und Basilius-Kirche steht die Rolandssäule, mit der Figur eines Ritters mit Schild und Schwert. Sie läßt an Bremen denken. Im Mittelalter war sie das Wahrzeichen einer freien Handelsstadt. Von der Säule aus wurden Gesetze und Anordnungen der Regierung verkündet. Hier wurden Urteile verlesen und vollstreckt. Die Hand des Ritters bis zum Ellbogen galt als Grundlage des Längenmaßes der Republik: eine Elle.
Der Platz wird abgeschlossen durch den Palast des Großen Rates, ein Palast im gotischen Stil. Das Originalgebäude wurde 1816 durch Feuer vernichtet. Davor ist der kleine Onofrius-Brunnen. Dubrovnik hatte eine eigene Wasserversor-

gung. Italienische Baumeister bauten eine 11,7 km lange Wasserleitung, die das Wasser von sieben Quellen in die Brunnen der Stadt leitete. Der kleine Onofrius-Brunnen und am Ende der Placa der große, der überwölbte Brunnen, erinnern an diese Wasserleitung.
Das schönste Gebäude dieses Stadtmittelpunkts ist der Rektorenpalast, Sitz der Regierung und des Regierungsoberhauptes, des Rektors. Das Oberhaupt der Stadt wurde nur für einen einzigen Monat gewählt. In dieser Zeit lebte er ohne seine Familie im Rektorenpalast, den er nur für wichtige Staatsangelegenheiten verlassen durfte. «Vergeßt das eigene Wohl, denkt an das Wohl der Allgemeinheit», steht noch heute in Stein gemeißelt am Übergang von Rektorenpalast zum Palast des Großen Rates.

Es ist viel Betrieb auf der Placa und vor den ehemaligen repräsentativen Gebäuden der Stadt an diesem Morgen. Touristen vor allem, die auf der Placa flanieren und Sehenswürdigkeiten abhaken. Diese Stadt hat einen eigenartigen Reiz. Man möchte hier wohnen. Hier stimmt alles. Die Proportionen der Gebäude, der einfache und doch repräsentative Stil. Diese Stadt hat den Reiz dessen, was Stadt ausmacht. Ich gehe die Placa hinunter zum Piletor, zum Westtor, dort kann man auf einfache Weise auf die Mauer hinaufsteigen. Und dann gehe ich auf der Mauer rund um die Stadt, schaue in Hinterhöfe und Fenster, sehe die Menschen in ihrem Alltag, sehe auch einen der schönsten Kreuzgänge, die ich kenne, den Kreuzgang des Franziskanerklosters, sehe die wunderschönen Kirchen der Stadt, blicke hinunter auf die Klippen, auf das Meer, sehe in der Ferne die Inseln. Wunderschönes Dubrovnik.
Am Abend in den Kasematten des französischen Fort Revelin. Napoleon hat es in die Felsen sprengen lassen. Der Raum ist trocken und

◀ *Trebinje, ein orientalisches Märchen*

warm, ausgemauert mit den gelben Kalksteinen der dalmatinischen Küste. Er wird als Konzertsaal benutzt. Heute singt und tanzt hier die Gruppe «Lindo» aus Dubrovnik.
Ihre Lieder und ihre Musik erinnern mich an Italien und sind doch anders, haben jene süße Schwermut und gebändigte Leidenschaft, die die slawische Volksmusik so auszeichnet.
Auch die Tänze sprechen von dem Einfluß, den Venedig und Italien jahrhundertelang hatte. Ich liebe diese Musik und ich liebe diese Tanzformen. Ich könnte stundenlang zuhören. In der Pause ruft mir ein Mädchen aus der übernächsten Reihe vor mir zu: «Hallo, Monsieur Feißt.» Ich war nicht wenig erstaunt, daß mich hier in der Fremde ein so schönes Mädchen kannte und so freudig begrüßte. «Kennen Sie mich nicht mehr?», sagte sie, «erinnern Sie sich doch. Letztes Jahr in Cannes war ich mit Monsieur Kury auf der Fernsehmesse.»
Dann fällt es mir ein.
Es ist eine Mitarbeiterin meines Freundes Waldemar aus Paris. Als das Konzert zu Ende ist, treffen wir uns. Dubrovnik liegt im silbernen Schimmer der Mondnacht. In den Gärten duftet das Geißblatt und in den Oleanderbüschen oberhalb der Straße singt eine Nachtigall. Die Lieder klingen in mir nach. Ein Text:

«Schwimme, schwimme,
tief sind Meeresgründe,
Anne, Ännchen mein, ach, Herzliebste,
deine Augen tief wie Meeresgründe,
Anne, Ännchen mein, ach Herzliebste mein,
Anne.»

Die schöne Französin an meiner Seite hieß Jacqueline, es machte gar nichts aus.

Ein paar Tage später fahren wir, die Kollegen aus ganz Europa und die jugoslawischen Gastgeber, von Slano, nördlich von Dubrovnik, mit dem Bus über eine Schotterstraße hinauf ins karstige Gebirge. Hell leuchten die Steine. Dazwischen Gebüsch, etwas Gras, Dornen, Einsamkeit. Kilometerweit Einsamkeit. Eine alte Frau auf der Straße mit weißem Kopftuch und einem Umhang aus zotteliger Wolle. Sie hütet ihre Geißen, die rechts und links zwischen den Steinen ihr Futter suchen. Sie dreht eine Spindel. Unterm Arm hat sie den Rocken. Dunkelbraune Wolle, die sie spinnt.
Jetzt nimmt sie die Spindel in die Hand und jagt störrische Geißen von der Straße. Hier kommt wohl selten ein Auto vorbei. Sie winkt uns freundlich nach. Lebendige Vergangenheit eines urtümlichen Landes.
Nach ungefähr fünfzehn Kilometern dieser eindrucksvollen archaisch harten Landschaft öffnet sich die Bergkulisse und einige hundert Meter unter uns leuchtet es grün im schneeweißen Karst. Einer unserer Gastgeber sagt: «Das ist die Polje, ein eigenartiges Phänomen im Karst. Hier sammelt sich das Wasser. Darum ist alles grün. Die Landschaft ist fruchtbar und im Herbst, wenn der Regen beginnt, dann wird ein Teil der Polje überschwemmt und es entsteht ein See, der an der tiefsten Stelle siebenundvierzig Meter tief sein kann. Manchmal kommt der See so schnell, daß man noch nicht einmal die Ernte einbringen kann. Und trotzdem machen Bauern, die hier Felder besitzen, einen weiten Weg. Manche fahren dreißig Kilometer, weil diese Felder eben so fruchtbar sind.»

Unser Bus fährt weiter und erreicht Trebinje. Wir halten im Türkenviertel der Stadt an. Es ist wie ein Hauch von Orient. Eine Moschee, die Oman-Pascha-Resulbegovic-Moschee aus dem 18. Jahrhundert. Ein Uhrturm, ein Pulverturm und das Haus des Begs. Im Haus des Begs werden wir empfangen. Türkischer Kaffee, Lukumi, süßer

Gelee mit Honig eingedickt und mit Mandeln, von dem die Türken sagen, es wecke die Liebe, und ein Glas Wasser. Junge Mädchen in der Tracht der türkischen Zeit, in langen Pumphosen, reichbestickten Westen, weißen Blusen mit Keulenärmeln und Schleier bedienen uns, zeigen uns ein merkwürdiges Spiel mit ihren silbernen Tabletts, singen ein Lied. Im Wohnraum des Begs bläst der Wind durch die vergitterten Fenster der Loggia. Lange Musselinvorhänge wehen im Wind. Bunte Geschichten aus orientalischen Märchenbüchern kommen mir in den Sinn.
Meine Kollegen reißen mich aus den Träumen. Es geht zum Essen. An einer Mühle sind Tische im Freien aufgebaut. Junge Männer in dalmatinischer Tracht sind dabei, Lämmer überm Feuer zu braten. Junge Mädchen in Tracht schenken uns Jasminzweige als Zeichen der Gastfreundschaft.

Trebinje, im Harem

Und während wir eine gekochte Feige essen und ein Glas Raki, einen Branntwein trinken, beginnt ein Gusla-Spieler mit einem endlosen Vortrag, nicht ohne uns vorher zu erklären, welche Funktion ein Gusla-Spieler früher hatte:
Er berichtete Neuigkeiten, er erzählte Sagen und Märchen auf den Marktplätzen der Vergangenheit. Die Zeitung ehe es die Zeitung gab! Als er fertig ist, bietet er seine Gusla an, damit wir darauf zu spielen probieren. Keiner traut sich. Mir kommt die Gusla vor wie eine Art Geige mit nur einer Saite. Da ich das Geigenspiel irgendwann gelernt hab, nehme ich, gedrängt von den Freunden, die Gusla und versuche es.
Und siehe da, es geht. Ich probiere auch ein Lied zu improvisieren, einen Text zu singen und gleichzeitig dieselbe Melodie zu spielen. Da erlebe ich etwas Merkwürdiges.
Plötzlich wird meine Stimme doppelt so laut. Beim Gleichklang von Gusla und Stimme scheint eine Art Interferenz-Phänomen zu entstehen, das die Tonschwingungen zumindest verdoppelt. Jetzt begreife ich. Die Gusla war der Lautsprecher der Geschichtenerzähler.
Das Essen beginnt mit Prsut, luftgetrocknetem Rohschinken von Schweinen, die sich von den aromatischen Kräutern des Karst ernährt haben, und der ganz besonders schmeckt.
Dann gibt es Fleisch von gebratenem Lamm mit Pura, Maisbrei, dazu gibt es den dunklen Wein von Opolo, es gibt Kürbisse vom Grill und Würste, eine Art Luganike und Brot und Käse und Früchte, gefüllte Äpfel mit Nüssen, ein ländliches Fest.

Wenn ich verreise, dann habe ich mir angewöhnt, den Lieben daheim etwas mitzubringen. Was lohnte sich in jener schlechten Zeit zum Mitnehmen aus Jugoslawien. In einem Laden sah ich Kelims, jene kleinen Teppiche, die man als Tischläufer oder als Sets verwenden kann.

Irgendwer sagte mir, kauf die ja nicht im Souvenirladen, das ist viel zu teuer, droben an der Jesuitenkirche gibt es einen Bauernmarkt, da werden sie sehr preiswert verkauft. Also fragte ich mich zur Jesuitenkirche durch. Tatsächlich, da waren die Stände eines Bauernmarktes. Ich machte einmal die Runde und hatte dann am zweiten Stand die rechte Auswahl gefunden. Ich kaufte einen Kelim für meine Frau, für jede meine Töchter, für meine Mitarbeiterinnen, insgesamt mochten es acht oder zehn Kelims gewesen sein, die einen angemessenen Preis gekostet hatten, die nach etwas aussahen und mit denen ich nun ins Hotel zurückkehrte. In der Hotelhalle begegnete ich meinem Freund Joachim vom Norddeutschen Rundfunk. «Oh», sagte er, «was hast du gekauft?» Ich sagte: «Kelims», und zeigte sie ihm.
Er sagte: «Könntest du mir diesen Markt zeigen?» Ich versuchte ihm den Weg dahin zu beschreiben, es war zu kompliziert, was soll ich sagen, knapp eine Stunde, nachdem ich eingekauft hatte, war ich mit Joachim da, der sich nun seinerseits mit Kelims eindeckte. Am selben Abend zog mich Karl vom ZDF zu Rate. Er hatte beschlossen, seinem Sohn eine Gusla zu kaufen. «Und du kannst doch Gusla spielen, du verstehst was davon, du mußt sie ausprobieren.» Mein Widerspruch, ich hätte nie vorher eine Gusla auch nur gesehen und doch nur armselig probiert, fruchtete nicht.

Und so kam es, daß ich am darauffolgenden Morgen erneut auf dem Bauernmarkt erschien. Diesmal mit Karl, der eine Gusla und Kelims kaufen wollte. Und während Karl beim Kelimkaufen am zweiten Stand tätig war, sagte der Besitzer des ersten Standes, bei dem ich bisher noch nie gekauft hatte, ich möge doch herein kommen, er hätte im hinteren Teil seines Standes einen besonders schönen Kelim, den müßte ich wenigstens anschauen. Ich zögerte. Was sollte ich mit noch einem Kelim und dazu noch mit einem ganz großen, wie er sagte, aber er bestand darauf. Und so folgte ich ihm schließlich, damit er Ruhe gab. Im hinteren Teil seines Standes gab es zwar auch Kelims, aber die wollte er mir überhaupt nicht zeigen.
Was er mir geben wollte, war ein Wasserglas voll Travarica, ein mit Kräutern gewürzter dalmatinischer Schnaps, den ich mit ihm trinken mußte, und ein Stück Speckbrot dazu essen, denn schließlich sei ich ja so ein guter Kunde.

Dann hörte ich Karl nach mir rufen. Der hatte inzwischen eine Gusla gefunden. Der Händler stimmte sie, und ich ließ mir von ihm einen Stuhl geben und setzte mich vor seinen Laden, um die Gusla auszuprobieren. Sie klang akzeptabel und schien mir ihren Preis wert. Als ich drei amerikanische Matrosen – Sechste Amerikanische Flotte – auf den Markt kommen sah, ritt mich der Teufel. Ich begann zu den Tönen meiner Gusla ein Lied zu singen, etwa so: «Da kommen drei amerikanische Matrosen. Sie kommen auf den Markt von Dubrovnik, haben die Taschen voll Dollars und schauen, was es zu kaufen gibt. Jetzt bin ich neugierig zu sehen, was die amerikanischen Matrosen wohl kaufen auf diesem Markt», usw.
Und als die drei an mir vorbei gingen, da schenkten sie mir einen Dollar. Ich habe ihn immer noch. Dieses rare Honorar für meine Tätigkeit als Gusla-Spieler.

Linsensalat
(Salata od Leće)

1. *1½ l Wasser*
   1 EL Salz
   250 g Linsen
2. *1 säuerlicher Apfel, geschält, würflig geschnitten*
   1 Zwiebel, fein gehackt
   1 Knoblauchzehe, gepreßt
   4 Sardellen aus der Dose, streifig geschnitten
   Pfeffer, eventuell Salz
   3 EL Olivenöl
   2 EL Weißweinessig

Wasser und Salz aufkochen, die Linsen beigeben, weichkochen (dauert je nach Qualität und Alter der Linsen 1–1½ Std.). Abseihen. Die Zutaten von 2. dazumengen. Mindestens 1 Std. ziehen lassen. Mit Rührei und Blattsalat ein feines vegetarisches Essen.

Tomatensauce auf Fischerart
(Salsa od Pomidoro)

3 EL Olivenöl
2 Zwiebeln, in feine Scheiben geschnitten
4 Knoblauchzehen, in feine Scheiben geschnitten
2 EL Petersilie, fein gehackt
2 EL Sellerieblätter, fein gehackt
600 g Tomaten, in Scheiben geschnitten
Salz, Pfeffer
evtl. 2–3 EL Wasser

Das Öl erhitzen, die übrigen Zutaten in der angegebenen Reihenfolge nach und nach mitdämpfen, würzen, ½ Std. auf kleinem Feuer köcheln, evtl. noch Wasser beigeben.
(Paßt gut zu Calamares, Rezept S. 122, und zu Zucchini-Küchlein, Rezept S. 142.)

◄ *Linsensalat*

Schweinsfilet auf dalmatinische Art, Rezept S. 106

Schweinsfilet auf dalmatinische Art
(Svinjska peĉenica po Dalmatinski)

1. 1 Schweinsfilet (500 g)
Salz, Pfeffer
10 feingeschnittene Scheiben Rauchspeck (Dörrfleisch)
1 Zitrone, in 10 Scheiben geschnitten
2. 2 EL Öl
5 EL Wasser
3. 1 EL Zitronensaft
2 Knoblauchzehen, gepreßt
1 Bund Petersilie, fein geschnitten
4. 1 Zitrone, in 10 Scheiben geschnitten
einige Petersilienzweige

Das Filet würzen. Die Speckscheiben flach untereinanderlegen. Das Filet darauf plazieren, jede Scheibe um das Filet legen und mit einem Zahnstocher fixieren, mit dem man gleichzeitig auch je eine Zitronenscheibe festmacht. Das Öl erhitzen, das Filet darin ringsum gut anbraten. Etwas Wasser zugießen, zugedeckt ½ Std. schmoren, dabei nach und nach mehr Wasser dazugeben, den Bratensaft immer wieder über das Fleisch gießen. Das Filet aus der Pfanne nehmen, einige Min. ruhen lassen, die Zitronenscheiben entfernen, das Fleisch in 10 Scheiben schneiden, so daß der Speck um die Fleischscheiben liegen bleibt. Warmstellen.
Im Bratensaft, dem man den Zitronensaft beigefügt hat, die Petersilie und den Knoblauch dünsten. Die Fleischscheiben wieder darauflegen. 15 Min. köcheln lassen.
Mit Zitronenscheiben und Petersilienzweiglein garniert servieren. (Bild S. 105)

Karottensuppe
(Juha od Karote)

1. 1 l Wasser
1 TL Salz
300 g Karotten, in Rädchen geschnitten
2. 4 EL Öl
4 EL Paniermehl
3. 1 Ei
2 EL Grieß
Salz, Pfeffer
4. Petersilie

Wasser und Salz aufkochen. Karotten beigeben, weichkochen (je nach Alter 10 bis 20 Min.). Abseihen (Kochwasser zurückbehalten). Gemüse durch ein Sieb streichen oder mit dem Mixer pürieren. Wieder ins Kochwasser geben, aufkochen. Das Öl erhitzen, das Paniermehl darin anschwitzen. Mit 2 Teelöffelchen Klößchen davon abstechen und in die Suppe geben.
Das Ei verklopfen, mit dem Grieß, Salz und Pfeffer vermengen. Ebenfalls mit zwei Teelöffelchen Klößchen davon in die Suppe geben.
Mit der Petersilie bestreut servieren.

Joghurtcrème
(Joghurt Creme)

400 ml Joghurt
1–2 EL Zucker
6 EL Maraschino
100 ml Rahm
Gelatine für ½ l Flüssigkeit

Den gezuckerten Joghurt mit dem Likör verrühren. Rahm steif schlagen und ebenfalls unter den Joghurt ziehen.
Die in kaltem Wasser eingeweichte Gelatine im Wasserbad auflösen. Unter ständigem Rühren der Joghurtmasse beigeben. Die Creme in eine kalt ausgespülte Glasschale füllen. Über Nacht kaltstellen. Mit frischem Obst garniert servieren.

Fischsuppe

Fischsuppe
(Riblja Corba)

1. 1½ l Wasser
1 Zwiebel, in Ringe geschnitten
2 Knoblauchzehen, gepreßt
1 Lorbeerblatt
Salz, Pfeffer
3 EL Weißweinessig
2 Zweige Rosmarin
2. 1 kg Mittelmeerfische (z.B. Meeräschen, Brassen)
3. 3 EL Reis
4. 4 Tomaten, in Schnitze geschnitten
1 Bund Petersilie, fein gehackt
1 TL Zitronensaft

Das Wasser aufkochen, die Zutaten von 1. beigeben. ¼ Std. köcheln lassen. Den Fisch beigeben, Kochtopf vom Feuer nehmen, zugedeckt stehen lassen, bis sich die Gräten vom Fisch lösen lassen. Fisch aus der Brühe nehmen, Gräten entfernen, Fisch in einer Suppenterrine warmstellen. Die Brühe abseihen, den Reis darin weichkochen (ca. 20 Min.). Die Zutaten von 4. beigeben, 5 Min. köcheln lassen. Evtl. nachwürzen, über den Fisch gießen. Mit frischem Brot servieren.

Peloponnes

Von Werner O. Feißt

Wenn man einem Menschen, den man gern hat, einer Tochter zum Beispiel – es muß aber nicht unbedingt eine Tochter sein –, Griechenland zeigen will, ich meine das, was Griechenland ausmacht, dann eignet sich kein anderer Teil Griechenlands so sehr wie der Peloponnes.
Natürlich, Athen ist erstes Muß, natürlich muß man auf der Akropolis den Tempel der jungfräulichen Göttin besuchen, den Parthenon, der fast 2.000 Jahre unversehrt stand, ehe ihn der Schuß aus einer venezianischen Galeere zerstörte. Natürlich muß man vom Omoniaplatz zum Sintagmaplatz wandern, vom wirtschaftlichen Zentrum Athens zum politischen, man muß vor dem Parlament das eigenartige Ritual der Wachen sehen und man muß in die Plaka gehen, um dort zu bummeln, zu essen und zu trinken, Bouzouki zu hören und das Ganze immer in Sichtweite altgriechischer Tempel. Piräus gehört dazu, die Hafenstadt Athens und der Abstecher nach Kap Sunion, zum Tempel des Poseidon, des Meeresgottes. Aber dann ist der Peloponnes dran. Griechenland sozusagen konzentriert.

Der Peloponnes macht ein Drittel des griechischen Festlandes aus und ist doch deutlich von

◂ *Tanzgruppe aus Nauplion*

diesem Festland getrennt. Da ist auf der einen Seite der Saronische Golf und auf der anderen Seite der Golf von Korinth. Beide berühren sich schier, wäre da nicht die schmale Landenge von Korinth. Irgendwer hat einmal geschrieben, der Peloponnes wäre eine «Fastinsel». Wenn man es ganz genau betrachtet, ist er sogar eine richtige Insel, denn die Landenge, der Isthmos von Korinth, ist durch einen tiefeingeschnittenen Kanal durchstochen. Der erspart der Schiffahrt, die aus der Adria kommt und nach Athen will, den weiten Umweg um den Peloponnes herum. Die alten Griechen nahmen es nicht ganz so genau. Sie nannten den Peloponnes eine Insel, Griechisch heißt Insel «nesos». Also Peloponnesos, Insel des Pelops.

Was hat es mit diesem Pelops auf sich? Der Pelops, das war der Sohn des König Tantalos. Der ist wegen seiner Qualen, eben den Tantalusqualen bekannt. Und wenn nicht, dann gehört seine Geschichte sicherlich in ein Kochbuch. Denn dieser Ärmste wurde von den Göttern dazu verurteilt, in alle Ewigkeit Hunger und Durst zu haben. Um die Sache zu verschärfen, steht er in einem See von süßem Wasser, der ihm bis zum Mund reicht, und über seinem Kopf hängen die herrlichsten Früchte – ich nehme an, Apfelsinen und Pfirsiche, Aprikosen und Kirschen. Immer wenn er in seinem rasenden Durst von dem Wasser trinken will, verschwindet das Wasser schlagartig in der Erde und er steht auf trockenem Grund. Und jedesmal, wenn er nach den Früchten greift, weichen diese vor seiner Hand ins Unerreichbare zurück. Womit hat er sich eine solche schreckliche Strafe verdient? Natürlich mit einer entsprechend schweren Sünde. Im Grunde sind es sogar mehrere. Er hat die Götter zu sich zum Essen eingeladen und nachher hat er ganz gewöhnlichen Sterblichen erzählt, was diese Götter beim Essen gesprochen haben. Sie müssen ja zugeben, daß dies allein schon eine schreckliche Strafe verlangt, denn wenn man schon einmal etwas von den Göttern erfährt, behält man es am besten für sich. Aber Tantalos hat noch etwas ganz anderes gemacht. Und jetzt kommt unser Pelops ins Spiel – Tantalos hat seinen Sohn, eben diesen Pelops, geschlachtet, gebraten und entsprechend zubereitet, den Göttern zum Essen vorgesetzt, weil er wissen wollte, ob deren Allwissenheit soweit geht, daß sie merken, was sie da essen. Natürlich haben es die Götter gemerkt und haben sofort die Seele des Pelops aus der Unterwelt zurückgerufen und ihn völlig intakt aus dem Bratkessel wieder auferstehen lassen. Nur ein Mißgeschick war passiert. Die Göttin Demeter, ja ausgerechnet die, die hatte in Gedanken verloren ein Schulterblatt verspeist, und so mußten die Götter dem Pelopsbuben ein Schulterblatt aus Elfenbein einsetzen (Demeter ist die Göttin der Erde und sie gibt das, was sie vom Menschen nimmt, nicht mehr zurück).

Der wiedererstandene Pelops war ein besonders hübscher Knabe und so blieb es nicht aus, daß sich sofort einer der Götter in ihn verliebte und zwar Poseidon, der Meeresgott. Er nahm ihn mit auf den Olymp. Schließlich konnte man ihn ja auch nicht bei seinem Vater lassen!

Als Tantalos tot war, kam Pelops vom Olymp zurück, und Poseidon schenkte ihm zum Abschied einen Sportwagen. Nichts Ungewöhnliches: Sportwagen werden bis heute bei solchen Gelegenheiten verschenkt! Da es in jener sagenhaften Vorzeit weder BMW noch Mercedes noch Porsche noch Ferrari gab, war es eben ein zweirädriger Wagen mit zwei schnellen Pferden davor, und weil es sich um ein göttliches Geschenk handelte, konnte man mit diesem Wagen sowohl auf den schlechten Straßen der Zeit als auch durch die Luft und über das Wasser fahren.

Da hörte Pelops, daß auf dem Peloponnes (der

natürlich noch nicht so hieß) ein König seine wunderschöne Tochter demjenigen zur Frau geben würde, dem es gelänge, eben diese Tochter mit dem Wagen zu entführen, ohne daß der Vater ihn mit seinem eigenen Wagen einholen könne. Mit einem Wort die Ausschreibung eines Rennens! Zu diesem Zeitpunkt hatte dieser Vater, er hieß Oinomaos, was etwas mit Wein zu tun hat, bereits dreizehn Bewerber mit seinem Pferdewagen eingeholt, umgebracht und ihre Köpfe über dem Eingangstor seiner Burg ausgestellt.

Für den Besitzer eines schnellen Wagens, wie Pelops, war das eine Herausforderung. Andererseits war das Mädchen Hippodameia so wunderschön und gefiel dem vielfach begabten Pelops so gut, daß er sich in sie verliebte. Aber da war noch einer, der eine Schwäche hatte für Hippodameia, nämlich der Fahrer des väterlichen Wagens. Also sein Mechaniker.

Den bestach Pelops mit dem Versprechen, er könne die Hochzeitsnacht mit Hippodameia verbringen (ob es dem Pelops nicht doch nur auf den Sieg ankam?). Jedenfalls Myrtilos, so hieß der Mechaniker, ersetzte am Renntag die eisernen Zapfen in den Radnaben durch solche aus Wachs. König Oinomaos, der Vater, pflegte den Bewerbern und der Tochter einen Vorsprung zu geben und so auch jetzt. Das Rennen ging von der sagenhaften Stadt Pisa, die irgendwo bei dem späteren Olympia gelegen haben soll, quer über die Halbinsel bis Korinth. Wenn der Bewerber mit Hippodameia Korinth erreichen könnte, dann hätte er gewonnen. Das aber war bisher noch nie gelungen. Der König fuhr also hinter Pelops und Hippodameia her, die Stifte in den Radnaben schmolzen, die Räder fielen von der Achse, der König verwickelte sich in die Zügel und wurde von den Pferden zu Tode geschleift. Myrtilos hatte sein Wort gehalten. Pelops heiratete Hippodameia. Es ging nur noch um das fatale Versprechen an Myrtilos. Natürlich war Myrtilos als Fahrer begierig, einmal mit dem Wunderwagen des Pelops zu fahren. Der lud ihn ein zu einer Runde über dem Golf von Korinth, und als sie in entsprechender Höhe unterwegs waren, warf Pelops Myrtilos mit einem Tritt aus dem Wagen, und Myrtilos ertrank im Meer. Aus war es mit der Hochzeitsnacht für Myrtilos.

Nun war Myrtilos nicht gerade irgendwer, sondern der Sohn des Gottes Hermes, der, bevor er ertrank, den Pelops und seine Nachkommen von ganzem Herzen verfluchte. Und da tat Pelops gut daran, sich die Götter günstig zu stimmen.

Zu diesem Zweck gründete er die Olympischen Spiele. Er ließ im Stadion eine Säule zur Erinnerung an Myrtilos errichten. Was alles nichts half, der Fluch des Göttersohnes war halt stärker. Aber wir werden sehen.

Natürlich trat er auch das Erbe seines Schwiegervaters an und vergrößerte dessen Reich so, daß es schließlich die ganze «Insel» umfaßte, den ganzen heutigen Peloponnes, der daraufhin seinen Namen erhielt.

Das ist die kurzgefaßte Geschichte, warum der Peloponnes Peloponnes heißt bis heute.

Wir haben in Athen einen Wagen gemietet – einen ganz gewöhnlichen japanischen – und sind jetzt auf der Schnellstraße nach Norden unterwegs, vorbei an Eleusis mit seinem Industriekomplex. Nach 80 km der Isthmus. Wir fahren über die Straßenbrücke des Kanals, halten auf der gegenüberliegenden Seite am großen Rasthaus mit dem Supermarkt an, essen, wie es sich hier gehört, eine Portion Souvlaki (auf dem Grill gebratene Fleischspießchen) aus der Hand, trinken etwas und gehen dann zurück auf die Brücke, um hinunterzuschauen in den Kanal.

Schnurgerade ist er, oder besser, wie mit dem Messer aus dem Land geschnitten. Seine bis 76

Meter hohen Wände sind leicht geneigt wegen der Festigkeit. Aber auch so sieht man da und dort Stellen, wo Teile der Kanalwand heruntergerutscht sind und als Schutthaufen im Kanal liegen. Die Kanalwände sehen aus wie Blätterteig, viele Schichten liegen übereinander.
5,6 km ist der Kanal lang, an der Kanaloberfläche 25 Meter breit und 8 Meter tief. Zu schmal für moderne große Schiffe und zu wenig tief. Kann man ihn benutzen, spart man 100 Seemeilen rund um den Peloponnes herum. Das war früh bekannt, und die ersten Überlegungen für einen Kanal stammen aus dem 6. Jh. v. Chr.
Als man ihn um 300 v. Chr. bauen wollte, warnten Experten, der Meeresspiegel sei unterschiedlich hoch, und ein Kanal wäre daher ein reißender Fluß. Die Römer haben sich nicht schrecken lassen. Für sie wäre ein Kanal ein strategischer Vorteil gewesen. Der berühmtberüchtigte Kaiser Nero machte schließlich Ernst, tat den ersten Spatenstich und stellte seinen Ingenieuren 6.000 jüdische Arbeitssklaven zur Verfügung. Nach anfänglichen Fortschritten mußte die Sache aus politischen Gründen aufgegeben werden. Dann dauerte es bis 1881. Mit modernen Hilfsmitteln war es dann möglich, in acht Jahren den Kanal zu bauen.
Aber auch ohne Kanal hat man sich schon in der Antike zu behelfen gewußt. Zunächst einmal transportierte man die Waren von der einen Seite des Isthmus einfach auf die andere. Die Reisenden ließ man zu Fuß hinüber gehen. Schließlich sind es nur 6 km. Dann wurde für kleinere Schiffe eine Schleppbahn gebaut. Sie wurden von einem Meer zum anderen über das Land gezogen.

Ein paar hundert Meter von der Straßenbrücke entfernt gibt es eine Eisenbahnbrücke. Die beiden Brücken sind die Nabelschnüre des Peloponnes.

Ja, man kann auch mit der Eisenbahn zum Peloponnes fahren. Mit einer Schmalspurbahn!
Es gibt sogar eine tägliche Flugverbindung von Athen zum Peloponnes. Angeflogen wird Kalamata ganz im Süden. Der Peloponnes ist so groß wie Hessen, dreimal so groß wie Kreta, etwas kleiner als Sizilien.
Von Nord nach Süd sind es an der längsten Stelle 245 km, von Ost nach West 255 km.
Der Peloponnes ist also recht großräumig, und seine Sehenswürdigkeiten sind weit verteilt. Da muß man beweglich sein um das Land zu sehen und kennenzulernen. Da helfen Eisenbahn und Flugzeug wenig, wenn man nicht gerade zu deren Stationen will. Der Bus ist eine Möglichkeit. Mit ihm kommt man überall hin. Aber man braucht Zeit. Das Beste ist der Leihwagen, vor allem, wenn man nicht unbeschränkt Zeit hat.
Das Zweitbeste, den eigenen Wagen mitbringen. Es ist halt nur ein wenig weit von Gaggenau bis nach Olympia.

An Korinth fährt man leicht vorbei. Vielleicht, weil man es eilig hat, an diesem Tag noch Olympia zu erreichen, oder weil man noch über Epidauros nach Nauplion kommen will. Dabei würde es sich lohnen, von Korinth aus Altkorinth zu besuchen, mit seinem Museum, seinen Tempelresten und der Glaukequelle, seinem antiken Markt und seinem Theater und natürlich Akrokorinth mit dem, was vom berühmten Aphroditetempel übrig geblieben ist. Die Göttin der Liebe wurde hier in der Form der orientalischen Fruchtbarkeitsgöttin Astarte verehrt, was sakrale Prostitution bedeutete. In der Blütezeit des Kultes waren hier 1.000 Damen zu Ehren der Göttin und zum Wohl der Pilger tätig.

Ein kleiner Laden: Lebensmittel. In einer Kiste wunderschöne winzige Korinthen. «Signomi Kirie», sage ich zu dem Ladenbesitzer.

«Entschuldigen Sie, mein Herr, diese stafides korinthiakes, diese Korinthen, sind sie tatsächlich von hier, aus Korinth?»
«Ja», sagt er. «Hier und überall an der Nord- und Westküste des Peloponnes werden sie angebaut.»
Dann erfahre ich, daß Korinthen von einem Weinstock stammen, der eine Varietät des normalen Weinstockes ist. Die getrockneten blauschwarzen Beeren sind klein, ohne Kerne und sehr süß. Der Korinthenstock verlangt einen fruchtbaren, nicht zu trockenen Boden, der das Wasser halten kann, und er verlangt Wärme und eine sehr arbeitsaufwendige Pflege. Arbeitsaufwendig ist das Umgraben des Bodens im März und April, dabei muß rund um den Stock eine Vertiefung angelegt werden, die das Wasser sammelt. Arbeitsaufwendig ist das Beschneiden der Stöcke und braucht viel Sachverstand. Arbeitsaufwendig ist schließlich die Ernte der winzigen Früchte im September und Oktober. Getrocknet werden sie im Freien. «Der Anbau geht zurück», fügt er bitter hinzu. «In Europa kaufen die Leute Korinthen von anderswo. Griechenland muß Korinthen vernichten, um den Preis zu halten. 1986 waren es 50.000 Tonnen, die einfach weggeschüttet wurden.»
Kritische Gedanken in Sachen EU.
Weiter nach Nordwesten auf der Schnellstraße, Patras zu, zwischen Berg und Meer. Küstenhöfe nennt der Geograph die mehr oder weniger breiten Ebenen, durch die wir fahren. Es ist fruchtbare Erde, landwirtschaftlich genutzt: Reben, vor allem Korinthen, Apfelsinen, Gemüse und an den Hängen des Vorgebirges Olivenbäume. Bis zu 2.370 m steigt das Gebirge dahinter an, hier im Norden des Peloponnes.

An diese Hochgebirgskette schließt sich nach Süden hin das eigentliche Kernland des Peloponnes an: Arkadien. Es ist eine rauhe Hochfläche, die in Nordsüdrichtung von Bergrücken durchzogen wird.
Arkadien ist im Norden 2.000 Meter hoch und senkt sich nach Süden zu immer mehr ab. Das zentrale Gebirge ist der Taygetos mit 2.400 Metern. Auch er zieht sich von Nord nach Süd. Um dieses Zentralland herum liegen die übrigen Landschaften des Peloponnes jeweils zur Küste hin orientiert. Schon in der Antike lagen ihre zentralen Orte am Meer. Diese Landschaften sind im Uhrzeigersinn Korinth, Argolis, Lakonien, Messenien, Elis, Achaia.
In der Antike lag im Mittelpunkt der Stadtstaat Sparta, der sich mit Athen um die Vorherrschaft in Griechenland stritt.
Das moderne Zentrum des Peloponnes ist Patras. Man ist geneigt, Patras eine bescheidene Stadt zu nennen. Sie hat keine besonderen Sehenswürdigkeiten und spielte in der Geschichte keine besondere Rolle.
Seine große Stunde hatte Patras 1821, als es eine entscheidende Rolle bei der Befreiung Griechenlands spielte. Heute ist Patras die drittgrößte Stadt Griechenlands mit einer Universität und einem wichtigen Hafen. Nach Patras fahren die Fähren aus Italien, die den Anschluß Griechenlands an die Wirtschaft Europas ermöglichen, auch in Zeiten unsicherer Verhältnisse auf dem Balkan. Wer mit dem eigenen Wagen nach Griechenland fährt, wird wahrscheinlich in Patras an Land gehen. Patras hat Industrie, so zum Beispiel Textilindustrie, und in Patras hat auch die bekannte Weinkellerei Achaia Clauss ihren Sitz. Gegründet wurde sie durch einen bayerischen Winzer namens Gustav Clauss, der im Gefolge des bayerischen Königs Otto nach Griechenland kam und Weinberge nach deutschem Muster anlegte. Er war es auch, der Riesling-, Sylvaner- und Muskatreben nach Griechenland brachte und die heimischen Reben mit ihrem bescheidenen Ertrag ersetzte. Seine

Weine waren die ersten Spitzenweine in Griechenland und sind es über ein Jahrhundert hinweg geblieben. Auch nachdem 1920 das Weingut in den Besitz einer griechischen Familie überging. Achaia Clauss ist vor allem bei deutschen Touristen mit seinen nichtgeharzten «Demestika»-Weinen bekannt.

Weiter nach Westen. Die Küstenebene wird breiter. Apfelsinen, Reben, Gemüse. Und dann zweigen wir nach Olympia ab. Sanfte Hügel, Bäume. In der Reiseliteratur ist davon die Rede, diese Landschaft sei lieblich. Für den Mitteleuropäer hat sie vor allem eins: Schatten. Das ist in der Hitze eines griechischen Mittags viel wert. Zum Lösen der Eintrittskarten stehen wir an, kaufen einen Führer und dann gehen wir über die alte Trainingslaufbahn hinein in das Ausgrabungsgelände. Der Alpheios-Fluß hatte im Laufe der Jahrhunderte das ganze Olympia zugeschwemmt. Die ersten Ausgrabungen machten französische Soldaten, die 1829 die griechische Befreiung unterstützten. Richtig ausgegraben wurde und wird Olympia vom Deutschen

Wanderweg in der Argolis

Archäologischen Institut. Vier Meter dickes Schwemmland war abzutragen, damit Olympia wieder zutage trat.
Ich habe ein paar Lieblingsplätze in Olympia. Den Heratempel zum Beispiel, von dem es heißt, er wäre der älteste Tempel überhaupt. In ihm hätte man bei den Olympischen Spielen der Antike die Lorbeerkränze ausgestellt, ehe sie den Siegern aufs Haupt gesetzt wurden.
Bei den Olympischen Spielen der Neuzeit zünden junge Mädchen in diesem Heiligtum der Göttermutter das Olympische Feuer mit einem Brennspiegel an, der die göttliche Flamme der Sonne auf eine Fackel konzentriert, und von hier wird sie dann hinausgetragen zum jeweiligen Austragungsort der Spiele. Nicht ohne natürlich für bestimmte Strecken das Flugzeug zu benutzen.
Ich mag das große Stadion, das einmal 45.000 Zuschauer faßte. Männer, versteht sich, Buben und junge Mädchen. Frauen waren zu den Spielen auch als Zuschauer nicht zugelassen.
Schön ist dieses Stadion und verglichen mit den Stadien der Moderne so schlicht und war doch heiliger Boden.
Aber der liebste Platz ist mir der Zeustempel, von dem ich immer denke, man könnte ihn ohne besondere Mühe wieder aufstellen. Die Säulen sind einfach umgefallen. Die Säulentrommeln liegen genauso wie sie aufeinander standen, ehe das große Erdbeben den Tempel zerstört hat.
Die Nachmittagssonne fällt schräg durch den Hain von Aleppokiefern, Zypressen, Steineichen, Feigen. Die Blumen duften und ich spüre den Gott, so wie ich ihn in Delphi spüre, wenn ich allein sein kann im Apollonheiligtum. Ich spüre, er ist da. Ich habe einmal einen meiner griechischen Freunde gefragt, einen Theologieprofessor, wie das denn sei mit dem Gott, dem heidnischen Gott. Er erklärt mir, daß die Götter der Antike göttliche Kräfte waren. Apollon zum Beispiel, der Gott der Ordnung und Gesittung, der Kunst, der Dichtung, der Musik. Kräfte des einen großen Gottes. Wenn man an bestimmten Orten diese Kräfte spüre, dann stünde das im Einklang mit christlichem Glauben.
In Olympia ist es Zeus, der präsent ist, der allbeherrschende Vater der Götter, der die Welt in ihren Grundfesten zusammenhält. Alle vier Jahre zogen von hier die Herolde in alle Teile der griechischen Welt, um den Gottesfrieden auszurufen und zu den Spielen, die Gottesdienst waren, zu Ehren des Zeus, einzuladen. Und sie kamen aus allen Teilen des Mittelmeers. Die Griechen, die in Spanien Kolonien hatten, in Südfrankreich, in Süditalien, in Nordafrika, in Kleinasien, am Schwarzen Meer. Olympia, das war der wichtigste Ort griechischer Identität. Natürlich wurde hier auch Politik gemacht, natürlich trafen sich hier Philosophen, Dichter und Schriftsteller.
In einem Kochbuch muß man auch auf dieses hinweisen, der Preis für die Sieger bei den Wettbewerben war der Lorbeerkranz und ein festliches Essen in einem Gebäude, das Prytaneion heißt.
Wir fahren das Alpheiostal hinauf nach Hocharkadien. Die Landschaft wird immer mehr «mitteleuropäisch». Die Pinien weichen Tannen, die Steppengewächse weichen Bergwiesen. Man fühlt sich in die Alpen versetzt, in den Schwarzwald. Kilometerlang führt die Straße durch Tannenwald: ganz ungriechisches Griechenland. Eine Frage des Klimas. An der Westseite der Gebirge fallen Niederschläge. 20 km weiter beginnen dann die Farben Griechenlands. Das Braun, der Ocker, das Gelb. Landschaft der Dürre. Nur an wenigen Punkten von Grün durchbrochen.
Wir fahren hinunter durch die Beckenlandschaft, wo Sparta liegt. Sparta, das ist heute ein Städtchen, im 19. Jahrhundert von den Architekten des Bayern Otto am Reißbrett geplant.

Das antike Sparta nicht weit davon entfernt: Ruinen ohne Höhepunkt. Sparta, das war eine reine Männergesellschaft. Krieg war ihr Daseinszweck. Kultur spielte eine untergeordnete Rolle. Das Essen wurde gemeinsam eingenommen: Blutsuppe, Bohnen.
Als wir in die Ebene von Sparta kommen, liegt auf dem Taygetosgebirge noch Schnee, leuchtet im tiefblauen Himmel: die Farben Griechenlands und Bayerns (der erste König der griechischen Neuzeit war Bayer: Otto I.). In der Ebene blühen Apfelsinenbäume, tragen gleichzeitig reife Früchte, goldene Kugeln. Die weißen Blüten duften unbeschreiblich süß. Welch ein Kontrast. Griechenland. Ein paar Kilometer weiter, auf einem Vorberg des Taygetos gelegen, ein Kleinod besonderer Art, das was von der Stadt Mistras übriggeblieben ist. Ein fränkischer Baron hat sie gegründet, im 13. Jahrhundert. Sein Name war Guillaume de Villehardouin. Wieso, werden Sie fragen, ein fränkischer Baron? Nun, da gibt es etwas in der Geschichte, was in unseren Geschichtsbüchern gern schnell übergangen wird: im Jahre 1204 haben Kreuzritter, die ja ausgezogen waren, das Heilige Land aus der Hand der Heiden, der Sarazenen, zu befreien, unterwegs das christliche oströmische Reich, speziell seine Hauptstadt Konstantinopel, überfallen, geplündert und das Land, nämlich Griechenland, unter sich aufgeteilt. Das war bedeutend einfacher, als sich mit Sarazenen im unwirtlichen Palästina herumzuschlagen. Ein Blick in die Mittelalterabteilung unserer Museen und in die Kirchenschätze unserer Kathedralen zeigt, was damals alles zusammengestohlen wurde. Aber reden wir nicht von dieser beschämenden Sache für das Abendland und die christliche Kirche, sondern vom Baron Villehardouin.
Er baute sich auf den Felsen von Mistra eine Burg und wahrscheinlich entstand gleichzeitig im Schutz dieser Burg eine fränkische Stadt. Das war 1249. Es dauerte keine zehn Jahre, da hatte sich das oströmische Reich wieder erholt und jagte die fränkischen Herren aus dem Land. Das schöne Mistra wurde zum Sitz des byzantinischen, das heißt oströmischen, Statthalters. Nun entstanden Kirchen und Klöster und Paläste, Herrenhäuser und natürlich Häuser der Bürger. Mistra wurde immer bedeutender. Seine Statthalter waren Mitglieder des kaiserlichen Hofes in Konstantinopel. Die Seidenraupenzucht und die damit verbundene Seidenindustrie machte Mistra reich. Es war ein wirtschaftlicher und geistiger Mittelpunkt Ostroms vor dessen Ende.
Gelehrte versammelten sich hier ebenso wie Kunsthandwerker und Maler. Als 1449 die Türken Konstantinopel schon bedrohten, wurde der letzte Kaiser von Byzanz in Mistra gekrönt. Sieben Jahre überlebte das glänzende Mistra die Eroberung Konstantinopels 1453 und damit das Ende des oströmischen Reiches. Dann kam es in türkische Hand und sein Ende begann. Von all dem kann man träumen, wenn man durch Mistra geht, die erhaltenen Kirchen besucht, mit ihren wunderschönen Fresken, in denen sich bereits der Einfluß des Westens zeigt, und die Klöster, die zum Teil bis heute überleben. Ein Besuch in Mistra ist wie ein Besuch in einer vergangenen wunderschönen Zeit. Man kann sich in den Straßen die Damen in den Seidengewändern, die prachtvollen Roben der Herren vorstellen, die Musik und das Wohlleben einer untergehenden Gesellschaft. Die wichtigste Lehre von Mistra aber ist, Griechenland, das ist nicht nur die Antike, das ist nicht nur Olympia, das sind nicht nur marmorne Tempel und marmorne Götter, Griechenland, das ist auch das Reich von Byzanz, Ostrom, das fast auf den Tag tausend Jahre existiert hat, gegründet von einem, der in unserer Heimat seine erste

Eingang zum antiken Stadion in Olympia

Hauptstadt hatte, in Trier – Konstantin der Große.
Durch den sinkenden Abend fahren wir weiter nach Osten, überqueren ein, zwei, drei Höhenrücken. Die Straße geht in weiten Serpentinen hinauf, über einen Paß und wieder hinunter.
Geröll, Steine, Felsen rechts und links der Straße, seltene Büsche, ein wenig Grün, Ziegenherden, Schafe, die kreisrunden Gehege für die Herden aus stacheligem Gebüsch mit Wellblech als Schutz gegen das Wetter, die armselige Hütte des Hirten. Sie haben eine eigene Kultur, diese Hirten. Auch ihre Küche hat ihre Besonderheiten: Fleisch, Joghurt, Käse. Brot und Gemüse kosten Geld. Und der Wein. Ein letzter Paß. Lau weht der Wind. Es wird Abend. Auf der Paßhöhe ein Touristenrestaurant und dann fahren wir hinunter an den Golf von Nauplion in die weite Ebene, in der Mykene liegt und Tiryns. Die beiden Burgen aus sagenhafter Zeit, die der Deutsche Schliemann ausgegraben hat, der vom Schatz des Agamemnon träumte und ihn dann auch fand. Agamemnon, das war einer der Könige, der mit hundert Schiffen in den Trojanischen Krieg zog und der die eigene Tochter Iphigenie den Göttern für günstigen Wind opferte. Nach zehn Jahren kehrte er zurück und brachte seine im Krieg erbeutete Konkubine, die Seherin Kassandra, mit. Ihre düsteren Prophezeiungen glaubte keiner, am wenigsten Agamemnon.

Er wurde von seiner Frau Klytämnestra und deren Liebhaber ermordet. Der Sohn Agamemnons, Orest, rächte seinen Vater, indem er seine Mutter und ihren Liebhaber umbrachte. Die ganze furchtbare Geschichte, die seit mehr als 2.000 Jahren Tragödiendichtern und Schriftstellern Stoff liefert, zum Beispiel Goethe, war übrigens eine Folge des Fluches, den jener Myrtilos gegen Pelops aussprach. Sie alle waren Nachkommen des Pelops.

Trostlos ist das Land rund um Mykene. Kein Baum. Dürre und Trockenheit. Welcher Kontrast zu Olympia.
Und dann erreichen wir Nauplion, ein kleines Städtchen mit einem natürlichen Hafen. Der eindrucksvollste Ort der Stadt Nauplion ist für mich der Syntagmaplatz. Syntagma, das heißt Verfassung. Er ist mit großen Marmorplatten belegt, die von den vielen Füßen glänzend poliert sind. Wenn ich sie sehe, fällt mir Dubrovnik ein und seine Prachtstraße, die genauso glänzt. An der Westseite liegt das Museum. 1713 als Magazin und Kaserne der venezianischen Flotte errichtet. Der Löwe von St. Markus verkündet dies unübersehbar. Gegenüber, auf der anderen Seite des Syntagmaplatzes steht eine alte türkische Moschee. Heute als Kino mißbraucht. Neben dem archäologischen Museum steht eine weitere Moschee. Sie diente von 1825 bis 1828 als griechisches Parlament. Und damit hat man die Hauptfakten der Geschichte Nauplions beieinander. Die Stadt hat abwechslungsweise den Türken und den Venezianern gehört. Bei den Venezianern hieß sie Napoli di Romania, bei den Türken hieß sie zeitweilig Anapli. Für die Venezianer war sie mit ihren Palästen der glänzendste Besitz in der Levante. Schwer befestigt wurde sie sowohl von den Türken wie von den Venezianern. Davon kündet sowohl die Festung Akronauplia über der Altstadt als auch die Festung Palamidi, so hoch und so steil über der Stadt gelegen, daß es einem unmöglich erscheint, daß sie je erobert werden konnten. Und sie wurden es doch!
In der Bucht vor der Stadt liegt wie ein Stein gewordenes Schiff die kleine Festungsinsel Bourzi.
Aber zurück zum Syntagmaplatz. Da ist ja noch die Moschee, die griechisches Parlament war. 1823 wurde Nauplion Sitz der griechischen Revolutionsregierung und ab 1828 regierte hier der erste griechische Ministerpräsident Kapodistrias, der 1831 im Zug der Streitigkeiten der griechischen Revolutionäre in Nauplion ermordet wurde. 1832 fand in Nauplion eine Nationalversammlung statt, und sie wählte den bayerischen Prinzen Otto zum ersten König von Griechenland.
Zwei Jahre lang, bis 1834, regierte Otto dann von Nauplion aus das Land. Dann besann er sich auf die Tradition und verlegte den Regierungssitz nach Athen. 1862 ging von Nauplion der Aufstand gegen König Otto aus, der zu seiner Absetzung führte. Die Griechen hatten von ihm und seiner bayrischen Regierung genug. Ein dänischer Prinz wurde sein Nachfolger.

Man sagt, Fisch müsse man in Griechenland am Meer essen, und das tue ich in Nauplion besonders gern an der Strandpromenade, wo es vor allem herrliche Langusten gibt. Auch sonst ist die Küche interessant. Die Türken haben Orientalisches hinterlassen, die Venezianer Italienisches, wie überall auf dem Peloponnes. Das Salmi genannte Fleischgericht mit seinem Wein und seinem Zimt ist ein typisches Beispiel dafür. Die letzte Station unserer Reise durch den Peloponnes führt in die Argolis, zum besterhaltenen Theater der griechischen Welt. Erbaut wurde es im 3. Jh. v. Chr. Es faßt 12.000 Zuschauer. Seine Akustik ist berühmt. Selbst in der obersten Reihe, 22 Meter über der Orchestra, versteht man jedes geflüsterte Wort. Es ist ein besonderes

Erlebnis, in Epidauros die Aufführung eines der aus der Antike übernommenen Theaterstücke, «Agamemnon» zum Beispiel, zu sehen.
Wir sind auf die Insel Spetses eingeladen zu einer Hochzeit. Spetses ist eine der Inseln, die vor den Halbinseln liegen, mit denen sich der Peloponnes ins Meer verabschiedet.
Wir parken unsere Autos. Nach Spetses fahren wir mit jenem modernen Verkehrsmittel, das die Entfernungen in der griechischen See so verkürzt hat: mit dem Flying Dolphin, einem Tragflügelboot.
Nach ein paar Minuten haben wir Spetses erreicht und gehen an Land.
Auf der Mole steht der Brautvater mit den Männern seiner Familie. Sie erwarten den Bräutigam. Der kommt mit seiner Familie vom Festland herübergetuckert: Ein ganzes dieselmotorgetriebenes Kaiki mit fröhlichen Hochzeitsgästen, geschmückt mit Bändern und Blumen. Zwei Musikanten treten in Tätigkeit, eine Geige und eine Laute bilden die Spitze des Zuges, den Brautvater und Bräutigam anführen. Es geht hinauf zum Haus des Brautvaters. Dort wartet indes die Braut. Mit zwei kleinen Mädchen, die die Schleppe tragen werden, sitzt sie im Empfangsraum des Hauses auf einem Sofa.
Die weiblichen Mitglieder der Familie umgeben sie und der Kumparos ist bei ihr, der Trauzeuge, der Brautführer. Auf einem Kerzenständer steht die Brautkerze.
Der Zug mit dem Bräutigam kommt an. Die Mutter der Braut reicht ihm auf halber Höhe der Außentreppe eine Süßigkeit. Eintreten darf er nicht, noch nicht. Die Braut erscheint unter der Haustür, bejubelt von den Hochzeitsgästen. Junge und alte Männer mit Gewehren schießen Salut. Ohne den Bräutigam zu beachten, geht die Braut mit ihrem Kumparos vorbei. Nur ein klein wenig aus den Augenwinkeln schaut sie zu ihm hin. Dann formiert sich der Zug neu. Wieder angeführt von den Musikanten. Die Braut und ihre Verwandten, der Bräutigam mit den seinen. So geht es zur Kirche. An der Kirche das Spiel: wer geht auf wen zu? Die Braut auf den Bräutigam? Der Bräutigam auf die Braut? Der Pfarrer führt die beiden in die Kirche. Dann werden sie einander verlobt. Dann werden sie mit den Brautkronen gekrönt. Märtyrerkronen. Die orthodoxe Kirche setzt das Eheleben dem Martyrium gleich. Der Mensch hat sich in der Gemeinschaft der Ehe, der Familie, zu bewähren, sein Lebensziel zu erreichen. Aus einem Glas trinken sie Wein. Der Priester führt sie im rituellen Reigen um den Zeremonientisch (nicht den Altar, denn den Altarraum darf keine Frau betreten). Und dann sind sie verheiratet, und die Hochzeitsgäste werfen Reiskörner und Zuckermandeln.
Der kirchliche Teil der Hochzeitsfeier ist vorbei, der weltliche folgt: das Essen, der Tanz. Wie es heute bei Hochzeiten üblich ist, gibt es ein Buffet mit den Herrlichkeiten der griechischen Küche. Die Hochzeitsgäste stellen sich an, bedienen sich selbst. Vorspeisen, Salate, die Hauptspeise. Traditionelle Mezedes, aber verfeinert. Da gibt es mit Hackfleisch gefüllte Auberginenröllchen, Orangen mit Paté gefüllt, Seezungen in Gelee, Muscheln mit Reis, Spinatröllchen, Paprika mit Käse, mit Fleisch gefüllte Zwetschgen, Artischocken mit Krabben, Gemüse mit verschiedenen Saucen, Tzatziki natürlich, Chtipiti, die scharfe Käsecreme, gefüllte und panierte Hähnchenteile, gebratenes und gesottenes Fleisch, vom Schaf, vom Rind, vom Schwein, Pilafi, ein Reisgericht, Pastitio, ein Makkaroniauflauf, gratinierte Kartoffeln, Platten mit Käse: Kasseri, ein parmesanähnlicher Hartkäse, Graviera, eine Art Gruyère, Kefalotiri, der dem Emmentaler ähnelt, und Misithra, ein feiner Weißkäse. Körbe mit Früchten. Fruchtsalate.

Und dann ist es soweit. Die Hochzeitstorte wird hereingeschoben. Mehrstöckig. Braut und Bräutigam schneiden sie an. Junge Mädchen der Familie verteilen die Stücke. Dann werden die Sektflaschen geöffnet. Die Gesellschaft stößt auf das Brautpaar an, das nun von Tisch zu Tisch geht, um mit den Gästen zu reden und Glückwünsche entgegenzunehmen. Dann tanzen sie den Sirtos, die Braut und der Bräutigam, den uralten Tanz. Und dann tanzt die ganze Gesellschaft die alten Tänze. Bouzoukiatmosphäre! Alte und neue Lieder werden gesungen. Das Fest dauert bis in die Nacht.
Wir gehen in unser Hotel. Es war ein wunderschönes Fest.
Unsere Reise durch den Peloponnes ist zu Ende.

Den Schluß unserer kleinen Griechenlandreise sollen einige Anmerkungen zur griechischen Küche und zum Essen in Griechenland ganz allgemein bilden. Ein eigenartiges Phänomen ist, griechische Kochbücher, die es zunehmend auch in deutscher Sprache gibt, enthalten eine Vielzahl von wohlschmeckenden Speisen, die ohne großes Problem und mit den Zutaten des deutschen Marktes gekocht werden können. Nimmt man Kochbücher in griechischer Sprache noch dazu – es gibt zum Beispiel eine Sammlung von 17.000 Hausfrauenrezepten –, so scheint die griechische Küche eine reiche, phantasievolle, überaus schmackhafte, mit Nuancen ausgestattete Küche zu sein. Und doch. Demgegenüber steht das Angebot der Speiselokale sowohl in Griechenland als auch in Deutschland, das beschränkt einfach und von wenig Phantasie beflügelt erscheint. Um die griechische Küche kennenzulernen, muß man in griechischen Familien essen. Nur dort ist die griechische Küche wirklich hervorragend. Hinzu kommt, daß auch nur in den Familien eine entsprechende Kultur des Anrichtens und Servierens, des Essens und des Trinkens überhaupt geboten ist.
Ich frage mich, woher diese Diskrepanz kommt. Ich vermute, daß die noch immer weithin intakte soziale Struktur Griechenlands das Essen in der Familie als die naturgegebene Regel ansieht.
In kleinen abgelegenen Dörfern findet der Tourist demgemäß heute noch keine Möglichkeit zum Essen. Da gibt es zwar das Kafenion, das traditionelle Kaffeehaus der Männer, aber kein Gasthaus mit einem Speiseangebot. Das Aufkommen von Speiselokalen ist eine direkte Folge des Tourismus bzw. der auch in Griechenland zunehmend notwendigen Mobilität.
Dabei sind zwei Trends zu beobachten: Einmal der Versuch, die nationale Eigenart zu verstekken und sich westlich zu orientieren bzw. den Erwartungen der westlichen Touristen entgegenzukommen (Schnitzel und Pommes frites, Apfelstrudel, Würstel mit Kraut).
Das Zweite ist, gerade bei der Vielfalt der griechischen Küche ist die Gastronomie darauf angewiesen, möglichst Bekanntes dem ausländischen Gast anzubieten (Tzatziki, Bauernsalat, Souvlaki, Mussaka).
Beide Tendenzen haben zu dem erwähnten Verlust an Vielfalt geführt.
Aber da ist noch etwas anderes. Das ist die andere Art zu essen. Da ist zunächst einmal die Essenszeit. In Griechenland gibt es das, was wir Frühstück nennen, nicht. Der normale Grieche nimmt morgens ein Täßchen griechischen Kaffee zu sich, kauft sich auf dem Weg zur Arbeit einen Koulouri, einen Sesamkringel, und das ist für den Morgen alles. Um die Mittagszeit ißt er eine Kleinigkeit, zum Beispiel ein Stück Spinat- oder Käsepita. Gegen 15.00 Uhr ist seine Arbeitszeit, die im Sommer um 7.00 Uhr beginnt, beendet, dann geht er heim und legt sich (es ist

ja heiß) für zwei oder drei Stunden zum Mittagsschlaf. Ein warmes Essen nimmt er zwischen 17.00 und 18.00 Uhr zu sich. Und dann folgt nach 22.00 Uhr das Abendessen, das ebenfalls warm ist. Etwa zwischen 0 Uhr und 1 Uhr geht er schlafen, um die kühlen Stunden der Nacht zu nutzen.
Vor dem Essen oder auch einfach zwischendurch nimmt der Grieche einen Ouzo, einen Anisschnaps, der entweder auf Eis oder meistens mit Eiswasser getrunken wird. Er entspricht etwa dem «Riccard» oder dem «Pernot» der Franzosen. Niemals wird ein Ouzo getrunken, ohne etwas dazu zu essen. Das Minimum sind Oliven oder Nüsse.
Meistens jedoch wird das dazu gegessen, was Mezedes heißt. Das sind kleine Speisen, die «me», d. h. «mit» dem Ouzo gegessen werden. Und was die Mezedes betrifft, ist die griechische Küche ganz reich. Das fängt an mit Tzatziki, der Joghurtcreme mit Knoblauch, und geht über Hackfleischbällchen, gebratene Auberginen bis hin zu Scampi u. ä.
Mezedes gehören aber auch zu jedem Essen, werden dann als Vorspeise genommen. Hauptspeisen können Fleisch sein, müssen es aber nicht, wie ja überhaupt die Mittelmeerküche aus verhältnismäßig wenig Fleisch besteht. Eine große Rolle spielt Gemüse in unterschiedlicher Zubereitungsart. Auch Fisch kommt regelmäßig auf den griechischen Tisch. Neben dem sehr teuren Seefisch spielen Tintenfische und andere Meeresfrüchte eine wichtige Rolle.
Griechen lieben Süßigkeiten. Die Desserts sind für unseren Gaumen oft zu süß, zum Beispiel mit Sirup getränktes Schmalzgebackenes. Was unbedingt zu jedem Essen gehört, ist Obst. Durchschnittlich ißt jeder Grieche 6 kg Obst pro Woche. Meist Orangen, Trauben oder Äpfel.
Der Grieche liebt einen vollen Tisch und die Vielfalt der Speisen. Sie sind für ihn Ausdruck seines Lebensgefühls. Also kommen die einzelnen Gerichte nicht nacheinander, sondern gleichzeitig auf den Tisch. Auch die Menge des Aufgetragenen sollte das Gefühl des reichlichen Angebots vermitteln. Bestimmte Gerichte werden in verhältnismäßig großer Menge gekocht um Vorrat für mehrere Mahlzeiten zu haben, Tzatziki z. B. und die wunderbaren cremeartigen Salate aus Fischrogen und Auberginen (Taramasalata und Melisanasalata).

Wein wird grundsätzlich nur zum Essen getrunken. Das Getränk zwischendurch ist Ouzo oder sein bäuerlicher Bruder, der Ziporo, der auf Kreta Sikoudia heißt und auf Zypern Syvania. Alle miteinander Tresterschnäpse, die mit Anis abgezogen werden. Der Ziporo der Klöster kann auch mit Zwiebeln abgezogen sein, was ihn sehr bekömmlich macht. Der traditionelle griechische Wein ist der Retsina. Er ist geharzt d. h. ihm wird Pinienharz zugesetzt, um ihn haltbar zu machen. Das Harz macht aber den Wein auch bekömmlich. Viele – ich zum Beispiel – lieben den eigenartigen Geschmack von Retsina.
Es gibt aber auch ungeharzte exzellente Weine, sowohl rot als weiß. Leider schmecken nicht alle auch daheim gut, wenn man sie im Gepäck mitnimmt. Das ist aber auch nicht notwendig, denn im Zeitalter der EU führt jeder Getränkehändler auch griechischen Wein, zum Beispiel den wunderbaren Rotwein aus Naoussa oder den weißen Agioritiko, im Bocksbeutel, vom Berg Athos.
Noch ein letzter Tip zum Kaffeetrinken: griechischen Kaffee gibts in drei Formen je nach Süße: glyko, sehr süß, medrio, für uns normal, sketo, bitter. Das muß man beim Bestellen sagen. Und wenn man keinen griechischen Kaffee mag? (Sie Armer!) Dann bestellen Sie sich einfach einen Neskaffee oder einen Kaffee galliko!

Gefüllte Calamares (Tintenfische)
(Kalamaria jemista)

1. *2 EL Butter, zimmerwarm*
   3 EL Paniermehl
   3 EL Petersilie, gehackt
   4 Knoblauchzehen, gepreßt
2. *3 EL Olivenöl*
   4 junge Calamares, gewaschen. Kopf und Arme aus dem Beutel gezogen, entfernt, ebenso der Knochen und die Blase mit der «Tinte»

Die Zutaten von 1. miteinander vermengen. Die Tintenfischsäcke damit füllen. Mit einer Nähnadel mehrere Male einstechen. Das Olivenöl erhitzen, die Tintenfische dicht an dicht hineinlegen. Im auf 200° C erhitzten Backofen während 10–15 Min. weichbraten. Evtl. noch etwas Wasser darüberträufeln.
Tomatensauce dazu (siehe Seite 104).

Gefüllte Calamares

Krabben mit Pickles und Erbsen

Krabben mit Pickles und Erbsen
(Garides me Pikles ke Brisolia)

1. *750 g frische grüne Erbsen (ohne Hülsen gewogen)*
   500 g sauer eingemachte Pickles aus verschiedenen Gemüsen, klein geschnitten
2. *400 ml Sauerrahm*
   2 EL Tomatenmark
   1 TL Weißweinessig
   Salz, Pfeffer
3. *1 kg Krabben, gekocht, geschält*

Die Erbsen in leicht gesalzenem Wasser 10 Min. blanchieren, das Wasser abgießen. Pickles und Erbsen auf eine Platte anrichten. Die Zutaten von 2. zu einer Sauce vermengen. Das Gemüse damit übergießen. Die Krabben darauf anrichten.

Auberginen-Vorspeise
(Melitsanosalata)

1. *2–3 Auberginen*
2. *2 Knoblauchzehen, gepreßt*
   1 Zwiebel, fein gerieben
   100 ml Olivenöl
   1 EL Weißweinessig
   Salz, Pfeffer
3. *Schwarze Oliven*

Die Auberginen bei 200° C im Backofen so lange backen, bis die Schale ganz braun ist (ca. 5/4 Std.). Die Auberginen, solange sie noch heiß sind, aushöhlen. Das Fruchtfleisch mit einer Gabel, dann im Mörser pürieren (auch mit dem Stabmixer möglich). Die Zutaten von 2. dazumengen. Mit den Oliven garnieren. Weißbrot dazu. Jeder dippt sein Brot in die Sauce.

Auberginen mit Tzatziki
(Melitsanes me Tzatziki)

1. *4 Auberginen (ca. 800 g), in 5 mm dicke Scheiben geschnitten*
   1 TL Salz
   3 × 2 EL Olivenöl
   2 EL Mehl
2. **Tzatziki** (Joghurtsauce)
   2 Becher Joghurt
   3–4 Knoblauchzehen, gepreßt
   Salz
   1 TL Weißweinessig
   2 EL Olivenöl

Die Auberginenscheiben auf ein Gitter legen, auf beiden Seiten leicht mit Salz bestreuen, ½ Std. stehen lassen. Das entstandene Wasser wegwischen.
Das Olivenöl portionenweise erhitzen, die Auberginen im Mehl wenden, beidseitig goldbraun braten. Dicht an dicht auf eine Platte legen.
Die Zutaten von 2. miteinander vermengen. Auf die Auberginenscheiben verteilen. Kaltstellen oder sofort servieren.

Auberginen mit Tzatziki

Hackfleischbällchen
(Keftedes)

1. 500 g Hackfleisch (am besten Lamm)
2 Scheiben Brot, in Milch eingeweicht, ausgedrückt
1 Zwiebel, fein gehackt
2 EL Dill, fein gehackt
2 EL Petersilie, fein gehackt
Salz, Pfeffer
2 EL Zitronensaft
2. 3 EL Mehl
3 × 2 EL Olivenöl
3. 2 EL Butter
1 Bund Frühlingszwiebeln, fein geschnitten
1 Kopfsalat, in Streifen geschnitten
4. 1/4 l Wasser
2 EL Zitronensaft
5. 2 Eier, verklopft
Salz, Pfeffer
6. 2 EL Petersilie, fein gehackt

Die Zutaten von 1. gut miteinander vermengen, würzen. Daraus Bällchen drehen (eßlöffelweise). Diese im Mehl (2.) wenden und portionenweise im erhitzten Olivenöl braten. Butter schmelzen, die Zutaten von 3. darin dünsten. Mit den Zutaten von 4. ablöschen, 10 Min. köcheln lassen. Die Keftedes dazugeben. 20 Min. köcheln. Den Zitronensaft löffelweise mit den Eiern vermengen, dann etwas von der Gemüsebrühe dazugeben, über Keftedes geben, noch 2 Min. kochen. Vor dem Servieren mit Petersilie bestreuen.

Hackfleischbällchen

Mussaka mit Bohnen
(Musakas me Fasolia)

1. *4 EL Olivenöl*
   1 Zwiebel, fein gehackt
   250 g Hackfleisch
2. *1 EL Tomatenpüree*
   2 EL Wasser
   Salz, Pfeffer
3. *500 g grüne Bohnen*
   3 EL Paniermehl
4. *1 EL Butter*
   1 EL Mehl
   ¼ l Milch
   2 EL Grieß
   3 Eier, verklopft
   Salz
5. *100 g Parmesankäse, gerieben*

Das Olivenöl erhitzen, die Zwiebel darin glasig dämpfen, Fleisch beigeben, andämpfen, bis es die Farbe verloren hat. Das Tomatenpüree mit dem Wasser verrühren, beigeben, einkochen lassen, würzen.
Die Bohnen in kochendem, leicht gesalzenen Wasser 10 Min. blanchieren, das Wasser abgießen. Die Bohnen mit dem Paniermehl vermischen.
Die Butter von 4. schmelzen, das Mehl darin durchdämpfen. Mit der Milch ablöschen. Das Grieß hineinrieseln lassen. Gut rühren und aufkochen. Köcheln, bis die Creme fest wird. Würzen. Etwas auskühlen lassen. Die Eier unter die Masse mischen. Von dieser Creme einen Viertel in eine gut gebutterte Auflaufform geben, dann die Bohnen, dann das Fleisch. Die restliche Creme mit dem Käse vermengen, über dem Fleisch verteilen. Im auf 180° C vorgeheizten Ofen 20 Min. überbacken.

Schweinsragout
(Salmi)

1. *10 Knoblauchzehen (Original: 2 ganze Knoblauchknollen)*
2. *4 EL Olivenöl*
   600 g Schweinefleisch, in Würfel geschnitten
3. *100 ml trockener Weißwein*
   1 Stange Zimt
4. *Saft und abgeriebene Schale von 2 Zitronen*
   2 EL Tomatenpüree
   3 EL Wasser
   Salz, Pfeffer
5. *3 EL Walnüsse, fein gehackt*

Schweinsragout

Die ungeschälten Knoblauchzehen 10 Min. kochen, Brühe abschütten, die Knoblauchzehen schälen, zerdrücken. Das Olivenöl erhitzen, das Fleisch darin gut anbraten. Mit dem Wein ablöschen, die Zimtstange beigeben. 15 Min. köcheln. Zimtstange wieder entfernen. Die Zutaten von 4. und das Knoblauchmus beigeben. Das Fleisch auf kleinem Feuer garen (evtl. noch etwas mehr Wasser beigeben). Kochzeit variiert je nach der Fleischqualität.
Vor dem Servieren die Nüsse darüberstreuen.

Gefüllte Weinblätter
(Dolmades avgolemono)

1. 500 g Weinblätter (in griechischen Geschäften in Dosen erhältlich)
500 g Hackfleisch (am besten Lamm)
2 Zwiebeln, fein gehackt
1 Bund Petersilie, fein gehackt
2 Eiweiß
100 g Rundkornreis
2. 100 g Butter
Salz, Pfeffer
ca. ¾ l Wasser
3. 2 Eigelb
2 EL Zitronensaft
1 TL Maisstärke (Maizena, Mondamin)
Salz, Pfeffer

Die Weinblätter in lauwarmem Wasser spülen, auf Küchenpapier abtrocknen. Die übrigen Zutaten von 1. miteinander vermengen. Die Weinblätter (glänzende Seite nach unten) einzeln ausbreiten. Auf jedes Blatt einen TL der Fleisch-/Reis-Füllung geben. Zuerst die Seiten der Blätter gegen die Blattmitte umbiegen, dann das Blatt zusammenrollen. Dicht an dicht mit dem Blattende nach unten in eine geölte Bratpfanne legen. Salz und Pfeffer darüberstreuen. Das Wasser vorsichtig angießen. Mit einem flachen Teller, der kleiner als der Pfannenrand sein muß, beschwert köcheln lassen, bis beinahe keine Flüssigkeit mehr vorhanden ist.
Die Zutaten von 3. gut miteinander verrühren, etwas von der verbliebenen Brühe dazugeben, über die Dolmades verteilen. Servieren, sobald die Eimischung gestockt ist.

Puffbohnenauflauf
(Koukia freska)

1. *1 kg frische Puffbohnen (Saubohnen)*
2. *350 g Mehl*
   Wasser
   Salz
3. *2 EL Dill, fein gehackt*
   1 Bund Frühlingszwiebeln
   5 EL Olivenöl
   Salz, Pfeffer
   3 EL Minze, frisch gehackt
4. *3 EL Butterflöckchen*

Die Bohnen in viel kochendem Wasser 20 Min. blanchieren. Aus den Zutaten von 2. einen festen Teig machen. Diesen in drei Teile teilen, jeden Teil so auswallen, daß er den Boden einer gefetteten Auflaufform bedeckt. Das erste Teigblatt in die Form legen.
Die Bohnen abseihen, mit den Zutaten von 3. vermengen. Ein Drittel davon auf das Teigblatt geben, ein zweites Teigblatt darüber legen, wiederum Bohnen und schließlich Teig. Zuoberst eine Schicht Bohnen. Mit Butterflöckchen bestreuen. 30 Min. im auf 180° C vorgeheizten Ofen überbacken.

Milchreis
(Risoghalo)

1. *½ l Wasser*
   5 EL Zucker
   1 Vanilleschote, der Länge nach aufgeschnitten
   200 g Rundkornreis
2. *1 l Milch*
3. *2 EL Maizena oder Mondamin*
   2 EL Milch
4. *2 Eigelb, zerklopft*
5. *1 EL Zucker*
   1 TL Zimt

Das Wasser mit dem Zucker und der Vanilleschote aufkochen. Den Reis beigeben. 10 Min. köcheln lassen (rühren, brennt gerne an!). Die Vanilleschote auskratzen, entfernen. Milch zum Reisbrei geben, 20 Min. köcheln. Die Speisestärke mit der Milch von 3. 10 Min. köcheln. Vom Feuer nehmen, das Eigelb dazurühren. Nochmals 2 Min. kochen (rühren!). Vor dem Servieren kaltstellen. In Portionenschalen füllen. Mit Zukker und Zimt bestreuen.

Sirup mit Rosenblättern
(Triantafilla glyko)

1. *500 g Blätter einer ungespritzten, wohlriechenden Rosenart*
   200 g Zucker
   ¼ l Wasser
2. *¼ l Wasser*
   800 g Zucker
3. *1 EL Zitronensaft*

Die Zutaten von 1. miteinander aufkochen. Zugedeckt 15 Min. köcheln. Die Zutaten von 2. beigeben. Auf starker Flamme ca. 15 Min. einkochen lassen, bis der Zucker sich ganz aufgelöst hat. Eventuell abschäumen. Den Zitronensaft dazugeben, aufkochen. Sofort in heiß ausgespülte weithalsige Flaschen oder Einmachgläser abfüllen. Sofort verschließen.

Früchteteller
(Fruta me Yaourti ke Meli)

Eigentliche Rezepte mit frischen Früchten findet man in der Mittelmeerküche kaum. Man nimmt, was reif ist und ißt es frisch gepflückt. Pro Person rechnet man mit 250–300 g Früchten. Für einen besonders festlichen Tisch werden sie hübsch angerichtet und eventuell mit etwas Rosenwasser beträufelt.
Auch Zugabe von Joghurt und Honig möglich.
(Bild S. 129)

Früchteteller, Rezept S. 128

Türkische Südküste: Lykien

Von Werner O. Feißt

Es ist einige Jahre her. Heiner hatte mich eingeladen zu einer Fahrt an die türkische West- und Südküste. Wir waren insgesamt sieben. Lauter Freunde von Heiner. Die meisten waren Gefährten seiner jugendbewegten Zeiten. Gestandene Männer heute.
Als wir uns früh am Morgen in der Abfertigungshalle des Flughafen Stuttgart trafen, ging es hoch her. Die Mischung von Nervosität, Erwartung, Freiheit vom Alltag, vom Beruf, von der Ehefrau. Gespielte Gelassenheit. Die üblichen Sprüche. Sie sollen Überlegenheit signalisieren. Keiner von uns war vorher jemals in der Türkei. Urlaub in der Türkei war damals noch eher selten.
Zur Flugzeit kommt die Zeitverschiebung um eine Stunde. Es ist gegen Mittag, als unser Flugzeug über Istanbul Richtung Flughafen einschwenkt. Das Marmarameer, durch den Bosporus fährt ein Kriegsschiff, Fähren, Motorboote, die Hagia Sophia, der Topkapi, das Goldene Horn mit der Galata- und der Atatürk-Brücke. Die «Stadt» nennen heute noch die Griechen das seit 1453 verlorene Konstantinopel, als gäbe es keine andere. Welche Stadt hat Konstantinopel an Schönheit der Lage und der Gebäude übertroffen? Wenn Griechen nach

◀ *Kusadasi-Textilbazar, Zauber des Orients*

Konstantinopel gehen, sagen sie bis heute, ich gehe «in die Stadt», das heißt im altertümlichen Griechisch «is tin polin». Daraus wurde Istanbul.

Wir landen auf dem Flughafen von Istanbul. Paßkontrolle, Gepäckausgabe, Zoll. Es dauert. Uns eilt es nicht, wir haben Zeit, unser Flug nach Antalia geht erst am späten Nachmittag. In die Stadt zu fahren, lohnt nicht. Dafür ist die Zeit wieder zu kurz. Wir warten.

Heiner, der kontaktfreudige, hat ein Gespräch begonnen mit einem gutgekleideten Türken, der ein lupenreines Deutsch spricht. Die beiden verschwinden, gehen einen Kaffee trinken. Heiner ist wohl eine Stunde weg. Dann erscheint er strahlend. «Freunde», sagt er, «das Problem mit den Leihwagen in Antalia ist bereits geklärt.» Und er erzählt, daß sein türkischer Gesprächspartner – übrigens ein Kaufmann aus Izmir – ihn beim Kaffee über unsere Pläne ausgefragt habe. Als die Frage der Leihwagen in Antalia aufgetaucht sei, habe er gesagt: «Bitte, Herr Kröher, darf ich mich darum kümmern.» Dann sei er weggegangen und als er kurz darauf wieder kam, habe er gesagt: «Herr Kröher, in Antalia warten zwei fabrikneue VW-Passat auf Sie und Ihre Freunde.»

Heiner ist stolz auf seinen Erfolg. Wir anderen sind skeptisch. Wir wissen doch, was von solchen Versprechungen wildfremder Menschen und dazu noch am Mittelmeer zu halten ist. Die Spannung des langen Wartens entlädt sich in spitzen Bemerkungen über voraussichtliche Zahl, Typen und Baujahr der Leihwagen. Einer sagt: «Ich bin neugierig, ob die Karren überhaupt einen Motor haben.» So lieb sind eben Freunde.

Dann sind wir auf dem Flugplatz von Antalia. Was soll ich sagen: Die beiden schneeweißen Passat haben jeder noch keine fünfzig Kilometer auf dem Tacho. Offenbar haben wir Türken falsch eingeschätzt. Einer von uns bringt's verwundert auf den Punkt: «Der Mann in Istanbul hatte doch nicht den geringsten Vorteil davon, uns behilflich zu sein». Was ebensoviel über türkische Hilfsbereitschaft dem Fremden gegenüber wie über deutsches Profitdenken aussagt. Heiner kennt noch nicht einmal seinen Namen.

Wir fahren los in unseren nagelneuen Autos. Es ist Sommer und es ist warm. Wir wollen im Freien am Meer schlafen. Heiner hat auf seiner Landkarte rund dreiundzwanzig Kilometer westlich von Antalia eine Wiese gefunden, die sanft zum Meer abfällt, wie er sagt. Dort, meint er, könnten wir gut schlafen. Aber natürlich, zu essen brauchen wir ja auch etwas morgen früh. Auf der Wiese, dreiundzwanzig Kilometer westlich von Antalia. Es ist gegen zehn Uhr abends, als wir am Flugplatz loskommen. Wir fahren Richtung Antalia, das natürlich nicht gerade beim Flugplatz liegt. «Zuallererst einkaufen», sagt Heiner. «Das möchte ich sehen, wie wir um diese Zeit noch einkaufen wollen», bemerkt der Jurist unter uns.

Antalia. Wir fahren in die Stadt hinein. Dann sehen wir einen Laden mit Gemüse und Obst in Kisten, hell beleuchtet. Der Besitzer steht unter der Tür. Er bittet uns mit Gesten, hereinzukommen. Deutsch kann er nicht. Wir finden leicht, was wir brauchen: Kaffee, Milch, Brot, Butter, Marmelade – einer von uns hat eine Dose mit Rosenmarmelade entdeckt, richtige Rosenmarmelade aus zarten Rosenblättern –, Käse, Tomaten, Zwiebeln, Pfirsiche, Bananen und natürlich ein paar Flaschen Wein. Noch glauben wir, wir hätten in diesem islamischen Land Probleme mit dem Alkohol, man hat ja seinen Karl May gelesen.

Als wir bezahlt haben, der Preis kommt uns Nicht-Hausfrauen ohne einschlägige Einkaufspraxis daheim niedrig vor, nimmt der Kaufmann eine Silberflasche, die im Regal über der Kasse steht. Dann deutet er uns, unsere Hände auszustrecken. Er spritzt aus der Silberflasche eine Flüssigkeit auf unsere Hände, die sich als Rosenwasser herausstellt. Wir verreiben es in den Händen und über dem Nacken. Welche Geste der Gastfreundschaft. Und Heiner sagt: «Kinner, wenn jetzt noch ein paar Mädels rumhüpfen würden, käme ich mir vor wie im Harem.» Wir haben Hunger und finden ohne Probleme eine offene Lokanta, ein offenes Gasthaus. «Was darf ich euch bringen», fragt der Kellner in fließendem Deutsch mit rheinischer Färbung, er ist in Düsseldorf geboren, aufgewachsen und in die Schule gegangen, wie sich später herausstellt. Er merkt schnell, daß wir uns in der türkischen Küche überhaupt nicht auskennen. Zuviele unverständliche Fragen. Deshalb verschwindet er und bringt zunächst einmal Gläser und eine Flasche Raki. «Einladung des Hauses!» sagt er und schenkt den milden Tresterschnaps ein, der gar nicht süß schmeckt wie sein griechischer Bruder, sondern fein herb. Als er sich selbst ein Gläslein eingießt, um mit uns anzustoßen, frage ich, immer noch der Meinung, islamisches Land, das bedeute kein Alkohol: «Und was sagt der Prophet dazu?» «Ach», antwortet er, «der Prophet verdammt zwar den Wein, aber von Raki hat er kein Wort gesagt und den Wein werdet ihr ja vermutlich trinken.» Er heißt uns den Raki halb und halb mit Wasser zu mischen. Dann nimmt er uns mit in die Küche, deren Tür offensteht, und zeigt, was fertig ist: «Kusu Dolmasi, Lammbraten mit gewürztem Reis, Etli Biber Dolmasi, Paprikaschoten mit Hackfleischfüllung, Musakka, Auberginen mit Hackfleisch und Zwiebeln, Puf Böreji, Pastete mit Hackfleisch und Käsefüllung, Kusa Kapama, Lammkeule mit Zwiebel und Lattich geschmort, Koyun Yahnisi, Lammragout mit weißen Bohnen.» Ich entscheide mich für Lammkeule mit Zwiebel und Lattich. Die meisten der anderen nehmen Musakka, das kennen sie. «Aber zuerst braucht ihr natürlich einige Meze, laßt mich mal machen.» Sehr schnell kommt er wieder und bringt auf einem riesigen Tablett das, was die Griechen Mezedes nennen. Einiges kenne ich, anderes nicht. Der Kellner stellt vor uns hin: «Dschadschik, Joghurt, Gurken und Knoblauch, Terama, Fischrogen, Labana Dolmasi, gefüllte Kohlblätter, Etli Yaprak Dolmasi, mit Hackfleisch gefüllte Weinblätter, Domates Salatasi, Tomatensalat mit Pfefferminze gewürzt, Humus, Kichererbsenmus, Seytin, Oliven, Beyas Peynir, Ziegenkäse, Piyas, weiße Bohnen, Müdschver, Zucchinipuffer mit Minze und Dill, Patlidschan Kisartmasi, gebratene Auberginenscheiben, Kadinbudu Köfte, Frauenschenkel, Klößchen aus Hackfleisch, Reis und Ei in Butter gebraten, Mürekkep Baliji, Tintenfisch, Hamsi Tavasi, gebratene Sardellen.»

«Wer soll das alles essen?», sagt Roland, der etwas sparsam Veranlagte, «ich hab doch nur Musakka bestellt.» Aber wir essen die Meze auf und unser Hauptgericht auch. Wir trinken drei Flaschen Wein dazu. Es ist der gleiche Wein, roter Doludscha, den wir für morgen eingekauft haben. Bei der Süßspeise machen einige nicht mehr mit, ich zum Beispiel. Ich weiß, wie süß man ißt in der Ägäis. Andere bestellen und essen Tel Kadajif, was Gebäck aus einer Art sehr dünner Fadennudeln, in Sirup getränkt und mit Nüssen und Pistazien bestreut, ist. Dann kommt ein Korb mit Früchten, ich esse einige Aprikosen, sie sind wunderbar süß, und eine Feige. «Wer trinkt Kaffee?» Ich frage zurück: «Türkischer Kaffee?» «Natürlich.» Ich bestelle ihn bitter, ohne Zucker. Zwei von uns trauen sich nicht, sie fürchten, nicht schlafen zu können.

Am Himmel steht der Mond, spendet ein silbernes Licht. Als einst Philipp von Mazedonien Byzanz belagerte, es war, bevor aus Byzanz Konstantinopel wurde, da ging mitten in der

Nacht der Mond auf, und die Wachen der Stadt sahen die Angriffsvorbereitungen der Mazedonier. Die Stadt wurde alarmiert, der Angriff am Morgen abgeschlagen, und so kommt der Halbmond in die Fahne der heutigen Türkei. Nach dreiundzwanzig Kilometern hält Heiner an. Wir sind angekommen: Heiners Wiese. Unterhalb der Straße gibt es einen Brunnen. Die Wiese führt sanft zum Strand. Im Mondlicht leuchtet das Meer.

Wir parken die Wagen, legen unsere Gummimatten ins Gras und uns in den Schlafsäcken darauf. Um fünf werde ich wach. Die Glocken von Geißen, die am Brunnen trinken. Im frühen Licht sehe ich den Hirt, der vorsichtig, um uns nicht zu wecken, vorbeigeht. Ich nicke ihm zu. Er nickt zurück und hebt grüßend die Hand. Heiner ist auch wach. Wir gehen ins Meer zum Schwimmen. Dann kochen wir Kaffee und richten das Frühstück. Als wir sitzen, der Kaffee in unseren Bechern dampft und wir in unsere Butterbrote beißen mit Rosenmarmelade darauf, will Fritz wissen, woher Heiner diese Zauberwiese kennt. «Von der Karte», sagt Heiner. «Nur von der Karte, kein Problem, wenn man Karten lesen kann.»

Wir fahren auf der Küstenstraße. Richtung Süden zunächst. Die Straße entfernt sich allerdings immer mehr von der Küste. Eine Ebene mit Obstbäumen. Kurz vor Olympos lockt uns der Reiseführer, den ich gekauft habe, auf einen Umweg. Wir zweigen ab zu einem Küstendorf, dann geht es wieder nordwärts bis zu einem Parkplatz. Ein merkwürdig fauchendes Geräusch ist in der Luft, mischt sich mit dem Schnarren der Zikaden. Wir steigen zu Fuß durch lichten Pinienwald, und da ist sie, die «Chimäre»: ein Felshang, auf dem an vielen Stellen zischend und fauchend etwa einen halben Meter hohe Flammen brennen. «Bei Nacht muß das eindrucksvoll aussehen. Vor allem vom Meer her», sagt einer von uns. Heiner erklärt: «Es war seit altersher der Schiffahrt ein nächtliches Wegzeichen». «Was ist das, Erdgas oder so?» fragt ein anderer. Heiner sagt: «Ja, Erdgas. Unter der Ägäis ist ein riesiges Erdöllager, eines der wenigen, die noch nicht ausgebeutet werden. Das ist doch der wirtschaftliche Hintergrund, wenn Griechenland und die Türkei sich um die Grenze in der Ägäis streiten, darum gehts und nicht um ein paar Toursiteninseln.»

Ade schöne Ägäis, wenn hier erst Bohrtürme stehen. Dann wird sie wieder erscheinen, die Chimäre, die einst dieses Land verwüstete und die von Bellerophon getötet wurde. Dieses Land, das war Lykien, das Land der Wölfe (Lykos heißt auf griechisch Wolf), die Halbinsel zwischen Antalia und Fethiye. Es lag ein wenig aus der Welt, dieses Lykien, bis im zweiten Jahrhundert vor Christus die Römer kamen. Es hatte eine eigene Sprache, eine eigenständige Kultur und es gab hier das Matriarchat. Lykien war die älteste Republik der Welt. Man sagt, die Lykier seien im zweiten Jahrtausend vor Christus aus Kreta eingewandert, wo es ja auch das Matriarchat gegeben haben soll. Im Trojanischen Krieg kämpften die Lykier auf der Seite der Trojaner gegen die Griechen. Die Lykier hatten eine sehr freundliche Vorstellung vom Jenseits. Nach dem Tod werden die Seelen von Dämonen in der Gestalt von Vögeln in ein Reich des Lichtes getragen, das zwischen Menschenwelt und Götterwelt liegt. Damit es die Vogelgeister leichter haben, bestatteten die Lykier ihre Toten in Sarkophagen auf Pfeilern oder in hausförmigen Gräbern, die in Felswände geschlagen wurden. Ein solches Felsengrab gilt als das Grab des Bellerophon. Ein Relief zeigt, wie er die dreiköpfige Chimäre tötet. Bellerophon hieß eigentlich Hipponoos und war ein Sohn des Königs von Korinth, drüben auf dem griechischen Peloponnes. Er war von etwas hitziger Wesensart und erschlug bei einer Meinungsverschiedenheit

Fethije mit Moschee – das alte Telmessos, wurde 1958 durch Erdbeben verwüstet und neu aufgebaut ▶

einen Mann namens Belleros, daher Bellerophon, was Mörder des Belleros bedeutet. Er wurde verbannt. Der König von Tiryns nahm ihn auf. Des Königs Frau hatte Sinn für schöne junge Männer und versuchte ihn zu verführen. Bellerophon wies sie ab und schon ging es ihm wie dem keuschen Joseph der Bibel: Die Königin ging zum König und sagte, Bellerophon sei ihrer Ehre zu nahe getreten (so sprechen Königinnen). Der erzürnte König schickte den Bellerophon übers Meer zu seinem Schwiegervater, dem König von Lykien. Er gab ihm einen versiegelten Brief mit, in dem stand, das und das habe der beigefügte Bösewicht von seiner Frau bzw. der Tochter des Lykierkönigs verlangt. Das Gastrecht verbiete, daß er die Sache selbst in die Hand nehme, aber drüben in Lykien könne man ja den jungen Mann ins lichtvolle Jenseits befördern. Just zu dieser Zeit war die Chimäre wieder aufgetaucht, fraß Lykier, verwüstete Äcker und Felder, verbrannte Wälder. «Bring die Chimäre um!» befahl der König dem Bellerophon und rechnete damit, daß die Chimäre ihn fressen und damit auch einmal etwas Nützliches tun würde. Was er nicht wußte, war, Bellerophon war gar nicht der Sohn des Königs von Korinth, sondern des Gottes Poseidon, was ja gelegentlich im alten Griechenland vorkam. Und so beschützten ihn die Götter. Athena brachte ihm persönlich das Götterroß Pegasus und Bellerophon schoß vom hohen Roß herab in jeden Kopf der Chimäre einen Pfeil, worauf die Chimäre tot war. Der König, enttäuscht über den Ausgang der Sache, schickte Bellerophon gegen die Landesfeinde, die Solymer. Er besiegte sie mit Hilfe der Götter, ebenso wie die Amazonen, die jünglingeraubend durch Lykien zogen. Der König machte einen letzten Versuch: einen Hinterhalt mit seiner Leibgarde. Dann hatte er keine Leibgarde mehr und Bellerophon lebte immer noch. Getreu dem alten Spruch «Kannst du einen Feind nicht besiegen, mache ihn zum Freund», verheiratete er ihn mit seiner schönen Tochter Philonoë und gab ihm das halbe Königreich dazu.

Die Straße, auf der wir fahren, ist frisch geteert. Unsere schneeweißen Autos sehen schon eine ganze Zeit nicht mehr makellos aus. Selbst durch das offene Fenster spritzt das schwarze Zeug auf Hemden und Hosen. Die Schwemmlandebene von Demre. Demre, das ist das antike Myra, eine der ältesten und bedeutendsten Städte Lykiens. Myra, das war auch die Stadt des heiligen Nikolaus. Hier war er Bischof. Groß ist sein Ruhm als Heiliger der Seefahrer. Hat er nicht mit spektakulären Wundern Seefahrer gerettet? Darum heißen so viele Schiffe im frommen Griechenland «Hagios Nicolaos», bis hinab zum kleinen Ruderboot. Er gilt als Verteidiger der Orthodoxie gegen die Ungläubigen und ist sozusagen der Lieblingsheilige der russischen Kirche. Seine ganz besondere Fürsorge aber gilt den Kindern. Groß war die Zahl der Pilger, die nach Myra kamen. Leider hat der Heilige seiner Stadt weniger geholfen. Myra wurde um das Jahr 1000 wiederholt von Arabern und Seldschuken überfallen und geplündert. Kaufleute aus Bari und Unteritalien nahmen aus der entvölkerten Stadt die Gebeine des heiligen Nikolaus mit. In Bari ruht er seitdem in einer prächtigen, ihm geweihten Basilika. Und seitdem wird er auch im Westen verehrt, kommt zum Beispiel am 6. Dezember zu braven und bösen Kindern. Wir besuchen in Myra die Nikolauskirche aus dem 11. Jahrhundert und machen dem Heiligen unsere Aufwartung.

Wir fahren vorbei an zahllosen Treibhäusern aus Plastikfolie für Gemüse, für Auberginen und Tomaten. Von Myra, das heißt von dem modernen Demre, geht es in weiten Kurven auf die kahlen Küstenberge. Von hier bis nach Kasch reihten sich einst die antiken Städte, bis heute weder ausgegraben noch erforscht: Sura, mit seinem Fischorakel, Kyaneai, von dem noch ein Theater zu sehen ist, Simena und seine Akropolis, Teimiussa, die versunkene Stadt Tersane, Aperlai, von dem die Stadtmauern noch stehen, und schließlich Kasch, das antike Antiphelos. Dann kommen wir nach Patara, dem Haupthafen von Lykien und Winterorakel des Gottes Apollon. Im Winter ruhte einst die Schiffahrt, und die Apolloninsel Delos war infolgedessen von der Welt abgeschnitten. Was lag für den Gott näher als sich einen Ort für winterliche Orakeltätigkeit zu suchen. Vor Patara sind breite Strände aus feinstem weißen Sand. Wir machen Mittagspause, gehen schwimmen, sitzen im Schatten eines Baumes, essen Brot und Käse und Tomaten, trinken Wein. Xantos war bereits im 8. Jahrhundert v. Chr. besiedelt. Als im 6. Jahrhundert v. Chr. die Perser kamen, kämpfte das kleine lykische Heer tapfer. «Aber sie mußten weichen und wurden in Xantos eingeschlossen. Sie brachten Frauen und Kinder, alle Wertgegenstände und Sklaven in die Burg, zündeten sie an und ließen alles verbrennen. Darauf weihten sie sich selber durch heilige Schwüre dem Tod, machten einen Ausfall und fielen alle im Kampf», das berichtet der griechische Geschichtsschreiber Herodot. Xantos wurde wieder aufgebaut, kam wieder zu Wohlstand. Erst mit dem Untergang des Römischen Reiches ging auch Xantos unter. Ich lese diese Geschichte aus meinem Reiseführer den Freunden vor. Einer sagt: «Ein frühes Massada».

Wir fahren weiter durch Baumwollfelder, Tabak- und Obstplantagen. Kurz hinter dem Dorf Kinik zweigt eine Straße zum sogenannten Letoon ab. Es war das Bundesheiligtum der Lykier, das Heiligtum der Titanin Leto. Leto war die Mutter der großen Götter Apollon und Artemis. Zeus hatte sie mit ihr gezeugt, ehe er Hera heiratete. Dennoch verfolgte Hera die Leto mit ihrem göttlichen Haß und Leto, die ihre Kinder auf Delos geboren hatte, floh mit ihnen nach Lykien. Dort wollte sie an einer Quelle trinken, aber die Bauern vertrieben sie. Da verwandelte Leto die Hartherzigen in Frösche, deren Nachkommen immer noch im Wasser zwischen den Säulen des Leto-Heiligtum herumspringen. Ich habe sie quaken gehört. Wir fahren westwärts durch lichten Pinien- und Eichenwald und durch Haine mit Ölbäumen. Wir erreichen Fethije, Hauptausfuhrhafen für Chromerz, das in den lykischen Bergen gebrochen wird. 1958 hat ein Erdbeben den Ort verwüstet, die Häuser der Stadt sind seit damals gebaut. Fethije ist eine uralte Stadt und hieß einmal Telmessos. Sie war für ihr Obst berühmt und für ihre Wahrsager. Der heutige Name der Stadt ist der Name eines abgestürzten türkischen Fliegers mit Namen Fethi Bey. Als die Republik als Staatsform in der Türkei eingeführt wurde, nahm die Stadt diesen Namen an. Ein freundlicher Türke, der uns deutsch am Hafen anspricht, als wir gerade die Übernachtung diskutieren, rät uns zur Bucht von Beldschejis zu fahren, zur Ölüdenis, die er uns in glühenden Farben schildert. Ölüdenis erweist sich als wahrer Glücksfall. Die Schilderungen des Türken waren nicht übertrieben: eine geschützte Strandlagune in einer traumhaft schönen Bucht. Steil fallen die bewaldeten Ufer ins Meer. Azurblaues Wasser, das Dunkelgrün der Pinien. Wir finden eine Pension mit sehr diskutablem Preis. Der Strand ist sagenhaft. Lange sitzen wir vor einem Restoran, essen Meze und gegrillten Fisch, trinken roten Wein. Der Silbermond schwimmt auf dem spiegelglatten Wasser der Bucht. Es ist schön. Am anderen Morgen: Die Straße folgt in unzähligen Kurven den Einschnitten und Runzeln des Kisil Daji, des roten Berges. Steil fallen seine Felswände zum Meer ab. Unter uns liegt der silberschimmernde Golf von Fethiye im Morgenlicht. Es ist mir nicht gelungen, die Freunde zu einem Abstecher zum antiken Kaunos zu bewegen. Kaunos war eine Gründung der Stadt Milet, eine Stadt, die ihrerseits 1600 Jahre vor Christus von Kretern an dieser Küste bewohnt wurde. Sehenswert seien, so lese ich, zwei Reihen lykischer Felsengräber, hundert an der Zahl in einer einzigen Felswand. Auch nach Knidos brachte ich die Herren nicht. Sie schauten auf die Karte, sahen den weiten Umweg, der zu fahren war, schauten mich an und sagten: «Genug mit dem alten Schrott.» Mein Hinweis, im Tempel von Knidos sei in der Antike die allerschönste Aphroditestatue gestanden, von Praxiteles, dem berühmtesten Bildhauer der Antike, nützte nichts. Schließlich ist die Statue auch längst nicht mehr da. Es gibt nur eine Kopie und die steht ausgerechnet im Museum des Vatikan. Praxiteles hatte zwei Statuen der Göttin geschaffen: eine bekleidet und eine nackt. Die Insel Kos, nicht weit von hier, nahm die bekleidete, Knidos die nackte. Sie zeigte zum ersten Mal völlig naturalistisch die Schönheit des nackten weiblichen Körpers. Der Erfolg war dementsprechend. Aus der ganzen griechischen Welt kamen die Besucher, sie zu sehen. Sie stand in einem Tempel ohne Cella, ohne den inneren geschlossenen Raum des eigentlichen Heiligtums. Von allen Seiten war die Marmordame zu sehen. Der König von Bithynien schlug der Stadt vor, er werde all ihre gewaltigen Schulden zu bezahlen, wenn er dafür die Statue bekäme. Die Stadt sagte nein.

Wir erreichen Bodrum. Die Stadt ist von Hügeln umgeben und steigt wie ein Amphitheater vom Meer aus an. Gärten und Weinberge umgeben schneeweiße Häuser: eine grüne Stadt.

Bodrum, das ist das antike Halikarnassos, um 1200 v. Chr. von Griechen aus Troizen auf dem Peloponnes, der Stadt, in der der sagenumwobene Theseus aufwuchs, gegründet. Seine große Zeit hatte Halikarnassos, als es zum persischen Reich gehörte. Seine Herrscher unter persischer Oberhoheit waren jeweils mit ihrer eigenen Schwester verheiratet. Der bedeutendste dieser Herrscher war Mausolos, der die Stadt mit Mauern, Palästen und Tempeln ausstattete. Als er starb, folgte ihm in der Herrschaft seine Frau und Schwester Artemisia. Sie ließ zu seinen Ehren ein Grabmal errichten, das mit seinen sechsundvierzig Metern zu den sieben Weltwundern zählte. Dieses Mausoleum gab später allen großen Grabmälern den Namen. Es stand bis ins 12. Jahrhundert, dann wurde es von einem Erdbeben beschädigt, und als im 15. Jahrhundert die Johanniter die Stadt erobert hatten, bauten sie aus seinen Steinen unter Leitung des deutschen Ordensritters Heinrich Schlegelholt das Sankt-Peter-Kastell auf der Insel Zephyrion. Die Stadt wurde im 15. Jahrhundert Teil des Osmanischen Reiches. 1846 entdeckte Lord Stratford, britischer Gesandter in Konstantinopel, in Bodrum Bruchstücke von Reliefs. Er bat die türkische Regierung «einige alte Steine aus Bodrum entfernen zu dürfen». Es war dann eine ganze Schiffsladung mit Reliefs und Bauteilen des Mausoleums, die er nach London und ins Britische Museum schaffte.

Das Zentrum von Bodrum liegt dort, wo die Verbindung zu der ehemaligen Insel aufgeschüttet wurde. Wir bummeln durch den Bazar mit seinen meist zu der Gasse hin offenen Handwerksbetrieben, schauen einem Schneider zu, einem Schuhmacher, der einer Touristin den eben abgebrochenen Absatz wieder am Schuh befestigt. Dort arbeitet ein Kupferschmied und treibt einen wunderschönen Krug. Daneben ein Verzinker, der Blechschüsseln und Gefäße mit einem Zinküberzug versieht. Dort ein Gürtler. Und dann die Ladengeschäfte. Juweliere, Gold- und Silberschmuck, Boutiquen mit duftigen Stoffen, eleganten Ledertaschen und Schuhen. Und dann der Lebensmittelmarkt: Gemüse und

Obst. Es fällt mir auf, wie sorgfältig, kritisch und sachverständig die Türken einkaufen. Da steht einer an einem Fischstand und prüft den Zustand der Fischaugen. Er kauft nur, wenn die Augen noch glänzen. An den Fleischständen gibt es Lämmer, Schafe und Geißen, wenig Rindfleisch, es ist sehr teuer, und natürlich überhaupt kein Schwein. Schweine zu essen verbietet der Koran. Wir sind in einem islamischen Land. Viel Geflügel. Und alle Tiere, außer den Fischen natürlich, müssen rituell geschlachtet sein. Dabei wird die Kehle, Luftröhre, Speiseröhre, Kehlkopfvenen durchschnitten. Das Tier muß ganz ausbluten, denn auch der Genuß von Blut ist verboten. Wir kommen zum Laden des Gewürzhändlers. Welch eine Fülle, welch ein Duft. Von Zimt und Nelken, von Kardamom und Sternanis, von Pfeffer und Koriander, von Paprika und wer weiß was. Die türkische Küche beherrscht meisterhaft die Kunst des Würzens. Nie dominiert ein Gewürz, nichts ist scharf, immer ist es ein abgerundeter Wohlgeschmack. Wir gehen in eine kleine Lokanta mitten im Bazar. Um uns nur türkische Männer. Sie trinken Tee, die türkische Leidenschaft. Merkwürdigerweise spielt der Kaffee längst nicht die Rolle, die man vermutet. Es ist Mittag, und wir essen nach türkischer Sitte eine Kleinigkeit. Die Hauptmahlzeit wird abends eingenommen, sei es daheim, sei es im Restoran. Die anderen trinken Raki. Ich probiere Ayran, ein Getränk aus zwei Teilen Joghurt, verquirlt mit einem Teil Wasser und leicht gesalzen. Es ist sehr erfrischend und gesund. Es ist das Getränk der Türken im Sommer.

Wir gehen in den Hafen. Der Mann mit der Segeljacht, die uns abholen soll, ein Freund von Heiner, ist schon da. Wir essen gemeinsam am Hafen ein Eis. Ein seltsam gekleideter Mann mit langem Bart und riesigem Turban ist der Eisverkäufer, der mit seinen Kunden merkwürdige Scherze treibt. «Es ist eine Nasreddin-Hodscha-Figur», sagt ein Türke, «unser Eulenspiegel. Er lebte im 13. Jahrhundert, war Koranlehrer und brachte seine Mitbürger zum Lachen und zum Nachdenken. Bis heute werden die Geschichten von ihm erzählt. Wollen Sie eine hören», fragt er. Natürlich wollen wir. «Eines Tages ritt Nasreddin Hodscha auf seinem Esel in die Koranschule, setzte sich aber rückwärts auf sein Reittier. Warum tust du das, fragten ihn seine Schüler, die ihn begleiteten. Nasreddin antwortete: ‹Wenn ich so, wie es üblich ist, auf dem Esel reiten würde, und ihr gingt hinter mir, so würde ich euch den Rücken zukehren. Wenn ihr vor mir gingt, würdet ihr mir den Rücken zukehren. Ist es nicht höflicher, so zu reiten, wie ich es jetzt tue?›»

Gegen Abend gehen wir an Bord des Segelschiffes, und dann segeln wir mit unserem Schiffer in aller Ruhe die ganze Strecke zurück, die wir von Antalia bis Bodrum zurückgelegt haben. Natürlich kümmern wir uns nicht um Grenzen, machen einen Abstecher zur Insel Kos und nach Rhodos und genießen die Schönheit der türkischen Küste. Die Berge und Wälder, die Obstgärten und Gemüseplantagen, die kleinen Dörfer und endlosen Strände. Am Abend fahren wir in eine der kleinen Buchten, werfen Anker, gehen an Land, um einzukaufen, und besuchen eine Lokanta, um zu essen und zu trinken. Manchmal ist es spät und manchmal will unser Schlauchboot, das uns als Beiboot dient, gar nicht so wie wir wollen. Ob es am Beiboot liegt oder am roten Wein? Wer weiß.

Gebackene Sardinen

(Sardalya Kagit Izgarasi)

1. *800 g frische Sardinen, ausgenommen*
   Salz, Pfeffer
2. *4 Blatt Alufolie, ca. 30* × 40 cm
3. 2 Zwiebeln, in Ringe geschnitten
   1 Paprikaschote, Kerngehäuse entfernt, in Streifen geschnitten
   4 Tomaten, in Achtel geschnitten
   200 g Champignons, blättrig geschnitten
   2 Zitronen, mit der Schale in Scheiben geschnitten
   20 Lorbeerblätter
   Salz, Pfeffer

Die Fische innen und außen unter fließendem Wasser spülen, trockentupfen, innen und außen würzen. Auf die Alublätter verteilen. Dann die Gemüse ebenfalls dazulegen. Jedes Alublatt zu einem losen Paket wickeln, dabei beachten, daß die Seiten und Enden gut verschlossen sind.
Auf einem heißen Grill 5 Min. backen.

Gebackene Sardinen

Kebab
vom Bosporus

Kebab vom Bosporus
(Bogazici Kebabi)

1. *3 EL Olivenöl*
   400 g Lammfleisch
   2 kleine Auberginen, in kleine Würfel geschnitten
   1 Zwiebel, grob gehackt
   Salz, Pfeffer
2. *4 Tomaten, in Würfelchen geschnitten*
   50 g Pinienkerne
   2 EL Pfefferminzblätter, fein geschnitten
   2 EL Thymianblätter, fein geschnitten
   100 g Champignons, blättrig geschnitten
3. *2 EL Olivenöl*
   4 Paprikaschoten, einen Deckel abgeschnitten, Kerngehäuse entfernt
4. *4 Eigelb*
   100 g Hartkäse (Parmesan), gerieben
   1 Msp. Zimt

Das Olivenöl erhitzen. Die restlichen Zutaten von 1. darin ¼ Std. auf großem Feuer braten. Zutaten von 3. beigeben. Die Paprikaschoten im Olivenöl von 3. ringsum 5 Min. braten, etwas auskühlen lassen. Mit der Fleisch-Gemüsemasse füllen. Die Zutaten von 4. miteinander verrühren. Die gefüllten Schoten in eine geölte Auflaufform legen, die Ei-/Käse-Mischung darüber verteilen. Im auf 150° C vorgeheizten Backofen ¼ Std. überbacken.

Zucchiniküchlein
(Kabak Mücver)

1. *600 g Zucchini, auf einer groben Reibe gerieben*
   2 große Zwiebeln, auf einer feinen Reibe gerieben
   5 Eier
   4 EL Weißmehl
   3 EL Dill, fein gehackt
   Salz, Pfeffer
2. *4* × 2 EL Olivenöl

Die geriebenen Zucchini auf ein Tuch legen, dieses zu einem Paket formen, die Zucchini gut ausdrücken (junge Zucchini geben wenig, ältere viel Saft ab). Die restlichen Zutaten von 1. nach und nach zugeben, jedesmal gut vermengen.
Das Öl portionenweise heiß werden lassen, die Küchlein portionenweise darin braten.
Man kann sie so essen oder mit Tomatensauce (siehe Seite 104, Bild S. 143).

Pilav
(Pilavi)

1. *2 EL Korinthen*
   1 Tasse Wasser, warm
2. *4 EL Butter*
   2 EL Pinienkerne
   2 große Zwiebeln, in Scheiben geschnitten
   4 Karotten, in feine Stiftchen geschnitten
   ½ TL Zimtpulver
   1 Msp. Kardamompulver
   1 Msp. Nelkenpulver
3. *2 EL Olivenöl*
   400 g Lammfleisch, in Würfel geschnitten
   ½ TL Salz
   250 g Langkornreis
   600 ml Hühnerbrühe, kochend

Die Korinthen im Wasser einweichen, ½ Std. stehen lassen. Die Butter schmelzen, die Pinienkerne darin goldbraun rösten. Die Zwiebelscheiben zugeben, glasig dünsten. Die Karottenstiftchen dazumengen, würzen. Köcheln lassen.
Das Olivenöl von 3. erhitzen, das Lammfleisch darin anbraten, salzen.
In einen weiteren Kochtopf etwas Reis streuen. Lagenweise Fleisch, Gemüse, Reis einfüllen. Zuoberst muß Reis sein. Dem Rand entlang die Hühnerbrühe dazugeben. Zudecken, aufkochen, dann auf ganz kleiner Flamme und ohne zu rühren 25 Min. dünsten, bis alle Flüssigkeit absorbiert ist. Noch 10 Min. auf der ausgeschalteten Platte stehen lassen. (Bild S. 143)

Grieß-Helva
(Irmik Helvasi)

1. *150 g Butter*
   1 Handvoll Mandeln oder Pinienkerne
   150 g Grieß
2. *100 g Zucker*
   400 ml Milch

Die Butter schmelzen, restliche Zutaten von 1. beigeben. Auf kleinem Feuer alles goldbraun rösten. Ständig rühren. In einem zweiten Kochtopf Zutaten von 2. miteinander erhitzen, köcheln, bis der Zucker geschmolzen ist. Dann über die Grießmischung gießen. In eine Auflaufform geben, diese im auf 100° C vorgeheizten Backofen 3 Std. ziehen lassen. Vor dem Servieren umrühren.

Mohnbiskuits
(Haşhaşli Çörek)

1. 1 TL Trockenhefe
1 TL Zucker
1/4 l Wasser
500 g Mehl Typ 1050 (Schweiz: Ruchmehl)
Salz
2. 100 g Mohnsamen
100 ml Sonnenblumenöl
3. 2 Eigelb
2 EL Wasser
50 g Sesamsamen

Die Zutaten von 1. miteinander vermengen. 10 Min. stehen lassen. Mehl in eine Schüssel sieben, salzen, das Wasser-/Hefegemisch dazugeben. Einen Teig daraus kneten. Mit einem feuchten Tuch bedeckt 1 Std. gehen lassen. Durchkneten, nochmals 1 Std. gehen lassen. Den Teig mit etwas Mehl bestäuben und auf einer bemehlten Arbeitsfläche ausrollen, so dünn, daß die Unterlage durchschimmert.
Die Mohnsamen ohne Fett in einer Bratpfanne dunkel rösten. In einem Mörser fein zerstoßen. Mit dem Öl vermengen. Diese Füllung auf die Teigplatte streichen. Diese aufrollen und die Rolle in 5 cm lange Stücke schneiden. Auf einem gefetteten Kuchenblech 1/4 Std. ruhen lassen.
Eigelb und Wasser miteinander verrühren. Die Rollen mit der Eigelbmischung bepinseln. Zwei Fingerspitzen zuerst ins Eigelb, dann in die Sesamsamen tauchen, auf die Biskuits drücken. Im auf 220° C vorgeheizten Ofen 30 Min. backen. (Bild S. 145)

Zucchiniküchlein, Rezept S. 142 ▲

Pilav, Rezept S. 142

Sesambiskuits
(Tahini Katmer)

1. *100 g Mehl Typ 1050 (Schweiz: Ruchmehl)*
100 g Mehl Typ 405 (Schweiz: Weißmehl)
½ TL Backpulver
Salz
2 Eier
3 EL Wasser
3 EL Sonnenblumenöl
2. *200 g Sesamsamen*
200 ml Sonnenblumenöl
3. *4* × 1 EL Sonnenblumenöl
(für 4 Portionen je 1 EL)
100 ml flüssiger Honig

Die beiden Mehlarten in eine Schüssel sieben, Backpulver und Salz dazumengen. In der Mehlmitte eine Vertiefung machen, Eier und Wasser beigeben. Alles zu einem geschmeidigen Teig verkneten. Diesen in vier Teile teilen. Alle Teigstücke einzeln möglichst dünn und möglichst in gleicher Form auswallen.
Die Sesamsamen in einer Bratpfanne ohne Fett dunkel rösten, in einem Mörser fein zerstoßen. Mit dem Öl vermengen. Diese Füllung auf die Teigstücke streichen, dabei ringsum einen Rand von 2 cm freilassen. Den Teig zur Mitte hin falten, daß ein Paket entsteht (siehe Foto). Eine Portion des Öls von 3. erhitzen, das Paket darin beidseitig je 2 Min. goldbraun braten. Auf einem Küchenpapier entfetten, in einem geschlossenen Topf ¼ Std. stehen lassen. Flüssigen Honig dazu servieren. (Bild S. 145)

Aprikosengebäck
(Kayisi Bisküvisi)

1. *250 g Mehl*
150 g Butter, möglichst kalt, fein gerieben
2 Eigelb
75 g Puderzucker
2. *ausgekratzte Kerne einer halben Vanilleschote*
abgeriebene Schale einer halben Zitrone
Salz
3. *4 EL Aprikosenkonfitüre*
4. *verschiedenfarbige Lebensmittelfarben*
150 g Zucker
1 Handvoll Pfefferminzblätter

Das Mehl auf den Tisch sieben, die Butterflöckchen dazugeben und alles mit einem Teigschaber oder Messer miteinander vermengen, bis feine Krümel entstanden sind. In der Mitte eine Vertiefung machen, die Eigelb dazugeben und den Puderzucker darübersieben. Restliche Zutaten von 2. beifügen. Immer mit dem Teigschaber arbeitend das Ganze zu einem Teig kneten. Evtl. ganz wenig Wasser beigeben. Es muß ein kompakter Teig entstehen. Diesen in ein feuchtes Tuch gewickelt ½ Std. kaltstellen. Aus dem Teig mokkalöffelgroße Kügelchen rollen. Diese im auf 200° C vorgeheizten Ofen ¼ Std. backen. Auskühlen lassen. Vom Blech nehmen, von unten her aushöhlen. Die entstandenen Krumen mit dem Messerrücken fein zerstoßen, mit der Aprikosenkonfitüre vermengen. Die Lebensmittelfarben gemäß Gebrauchsanweisung anrühren. Den Zucker auf einen Teller geben. Die Kügelchen mit der Konfitürenmischung füllen, paarweise zusammenkleben. In eine der Speisefarben tauchen, im Zucker wenden. Die Blätter in die Biskuits stecken. Sofort servieren.
(Bild S. 145)

Mohnbiskuits, Sesambiskuits, Aprikosengebäck, Rezepte S. 143 und 144

Zypern

Von Werner O. Feißt

Auch der Vater der Götter hatte Eltern. Seine Mutter war die Titanin Rhea, sein Vater war der Titan Chronos, die Zeit. Chronos fraß alle seine Kinder, was kein Wunder ist, denn die Zeit verschluckt alles, was sie hervorbringt. Rhea, die Mutter aber, wollte ihren Säugling Zeus, hinter dem der Vater her war, retten und versteckte ihn in einer Höhle auf Kreta. Und immer wenn das Baby weinte, tanzten die Männer von Kreta und schlugen die Messer aneinander, damit Chronos das Weinen nicht hören konnte. So tanzen sie auch heute noch und überwinden die Zeit zum Wohl der Götter. Als Zeus herangewachsen war, kämpfte er mit seinem Vater Chronos, überwand ihn und schnitt ihm seine Männlichkeit ab. Diese fiel in das Meer zwischen Kreta und Zypern, und der Samen ergoß sich ins Wasser. Es bildete sich Schaum, und diesem Schaum entstieg die unvergleichliche Göttin der Schönheit und der Liebe: Aphrodite. Welch ein Symbol. Aus dem Samen der Zeit entsteht das Vergänglichste, die Schönheit und das, was alle Zeit überwindet, die Liebe. Der Ort, wo die Göttin an Land stieg, ist eine Meeresbucht auf Zypern: «Petra tou Romiou».

◀ *Petra tou Romiou, der Ort, wo die Göttin Aphrodite an Land stieg*

Wenn du von Limassol nach Paphos fährst, dann senkt sich die Straße kurz vor dieser Bucht von den Höhen hinunter zum Meer, führt eine Zeitlang am Meer entlang, eben an Petra tou Romiou vorbei und steigt dann wieder an, hinauf zum Flughafen von Paphos. Du kommst also diese steile Straße herab, das Meer liegt vor dir, du siehst es in dem Ausschnitt des Tales, durch das die Straße führt. Dann kommt die Rechtskurve und der Blick weitet sich. Links von dir ist jetzt das Meer und du siehst die Bucht. Vielleicht ist es Abend und es ist die Stunde des Sonnenuntergangs und das Meer glänzt von rotem Gold. Du stellst deinen Wagen auf einen Parkplatz und gehst hinunter an den Strand. Es ist ein Kieselstrand. Du siehst jetzt nur noch die Bucht. Die Wunden, die der Straßenbau der Natur geschlagen hat, liegen hinter deinem Rücken, und die Lastwagen, die auf der Straße ihren Weg nehmen, sind hier unten nicht mehr zu hören. Du hörst die Wellen, die auf den Strand laufen und die Kiesel mitbringen und auf ihrem Rückweg wieder mitnehmen. Sie rollen und flüstern von der Göttin. Der Wind weht warm vom Meer her. Du siehst nahe dem Felsen, der die Bucht bestimmt, die kleine Felsenkanzel, auf der die Göttin gestanden haben muß. Dann spürst du ihre Anwesenheit. Eine Welle küßt dir den Fuß, spült einen herzförmigen Kiesel zu dir und es duftet, ja es duftet wie eben auf Zypern. Dies ist einer der Orte im Götterland Mittelmeer, wo man die Anwesenheit des Gottes erlebt. So wie in Delphi und in Olympia. Du sitzt auf einem Stein, schaust hinaus ins Licht und du möchtest, daß dieser Moment nicht endet. Dann geht die Sonne unter und alles ist vorbei.

Dies ist die Insel der Schönheit, der Aphrodite: Zypern.

Sie ist mir leibhaftig erschienen, die Göttin. Es war an einem Tag spät im November, wenn es auf Zypern noch warm ist, man noch im Meer schwimmen kann, wenn die ersten Blumen des zypriotischen Frühlings aus der verbrannten Erde brechen, weil es zum ersten Mal geregnet hat und die Blumen sich mit dem braunen Laub des Herbstes an den Rebstöcken mischen. An einem solchen Tag waren wir hinaufgefahren an die Nordküste, in das kleine Fischerdorf Lachi, um Langusten zu essen. Es war noch zu früh und wir gingen zu jenem Ort, der «Bad der Aphrodite» heißt. Dies ist eine Grotte, von deren Decke das Wasser von fünf Quellen in eine natürliche Schale fällt. Ein Feigenbaum steht in der Grotte und rundherum wachsen Büsche. Der Weg dahin schlängelt sich durch dieses Gebüsch und man sieht in die Grotte erst im letzten Augenblick. Ich ging voraus, kam um den letzten Busch herum und da stand sie in ihrem Bad, in all ihrer Schönheit, die nackte Göttin Aphrodite. Gleißendes Licht war um sie.

Lange schlanke Beine, breite Hüften, eine schmale Taille, kräftige Brüste, wunderschöne Arme, ein langer Hals und ein schmaler Kopf mit edlem Gesichtsschnitt, und kohlrabenschwarz. Die Göttin, eine Negerin, die in dem Becken stand und sich von dem Wasser der Quellen betauen ließ. Mir blieb der Atem weg.

Ich trat zwei, drei Schritte zurück. Wenn man einer Göttin begegnet, verlangt diese Begegnung Ehrfurcht und Demut. Ich war für einen Moment verzaubert. Ich kam mir vor wie Akamas, der sie in sagenhafter Zeit in eben diesem Bad überraschte.

Soll ich jetzt noch erzählen, wie sich das Ganze auflöste, wie einige Augenblicke später ein schwarzes Fotomodell im Bademantel an mir vorbeihuschte und wie in der Grotte ein Fotograf mit Stativ und Kamera seine Scheinwerfer abbaute? Eigentlich nicht. Denn das hat auch überhaupt nichts mit der Erscheinung der Göttin zu tun. Dabei ist es merkwürdig, daß die Aphrodite-Statue, die man auf Zypern in den Ruinen

ihres Heiligtums gefunden hat, auch kohlrabenschwarz ist. Es ist überhaupt etwas Merkwürdiges um diese Statue. Es ist eigentlich gar keine Statue, sondern ein länglicher, ovaler Stein. Er kann noch nicht einmal von Zypern stammen, denn auf Zypern gibt es solche schwarzen Steine gar nicht. Vielleicht ist er vom Himmel gefallen, ein Meteorit, wie der Stein der Kaaba.
Jedenfalls, dieser Stein stand im Allerheiligsten des Tempels, und wenn die Pilger, die in der Antike in großer Zahl nach Zypern kamen, um zu der Göttin zu beten, den halbdunklen Tempel betraten, sahen sie diesen Stein, vielleicht umflackert von Öllampen. Und dann sah jeder einzelne in diesem Stein seine eigene Göttin, geschaffen aus Träumen und Fantasie.
Wir gingen essen nach der Begegnung, in eine Psaria, in ein Fischlokal: Oktopus in Rotwein, gefüllte Tintenfische, gebackene Muscheln, Krabben in Tomatensauce, Barbunias: die kleinen roten Fische – und eine ganze Languste vom Grill!
Dann plagt uns die Neugier. Wir fahren über Polis, Richtung Osten, immer an der Nordküste entlang ins Unbekannte. Die Straße wird einsamer, die Dörfer am Meer sind unberührt. Ganz wenige Neubauten, keine Hotels und Restaurants. Eine Küste wie vor allem Tourismus. Wir nähern uns dem türkischen Gebiet.
Dann biegt unsere Straße von der Küste ab, in die Berge hinein. Serpentinen, Kurven, Wald. Dort, wo der höchste Punkt unserer Straße erreicht ist und sie wieder hinunterführt zur Küste, ist plötzlich auf beiden Seiten der Straße Stacheldraht. Die zypriotische Fahne rechts, die türkische Fahne links. Soldaten, befestigte MG-Stände. Wir sind unversehens an die Grüne Linie gekommen, an die Linie, die türkisch besetztes Gebiet von dem Gebiet der Republik Zypern trennt. Ein Blick auf die Karte erklärt auch den Umweg in die Berge. Da gibt es eine türkische Enklave, ein Stück türkisch besetztes Gebiet an der Küste. Die Geschichte ist vielschichtig und kompliziert. Sie zu erzählen sprengt den Rahmen dieses Kapitels. Aber wenigstens dies:
Zypern war in der Antike ein Teil des Römischen Reiches. Nach der Teilung des Römischen Reiches, im Jahre 325, gehörte Zypern zu Ostrom, zu Byzanz. Schon vor dem Untergang des byzantinischen Reiches bemächtigen sich neue Herren der Insel. Araber zunächst und dann Kreuzfahrer, der Templerorden, fränkische Barone, Staufer, Franzosen, Genua, Venedig. Ab 1570 erobern die Türken die Insel. Ihre Herrschaft dauert bis 1878. Ab diesem Jahr übernimmt England die Herrschaft über die Insel und zwar aufgrund eines Pachtvertrages. Für England ist Zypern die strategische Basis für die Herrschaft im östlichen Mittelmeer. 1914, zu Beginn des Ersten Weltkrieges, bei dem die Türken die Verbündeten der Deutschen sind, annektiert England die Insel. Und englisch bleibt sie bis über den Zweiten Weltkrieg hinaus. In dieser ganzen Zeit war es der politische Wunsch der Zyprioten, dem neuen Griechenland angeschlossen zu werden. Nach dem Zweiten Weltkrieg begann eine Phase des bewaffneten Kampfes gegen die englische Kolonialherrschaft, die mit einem internationalen Zypernabkommen 1959 endete. Zypern wurde selbständig. Erzbischof Makarios wurde zum Staatspräsident. Aber die Forderung nach Vereinigung mit Griechenland blieb auch jetzt bestehen. Am 20. Juli 1974 putschte die Nationalgarde gegen Makarios, um die Enosis, die Vereinigung mit Griechenland, gewaltsam durchzusetzen. Makarios mußte fliehen. Die Türken aber nahmen dies zum Anlaß einer militärischen Invasion der Insel. Es gab Verhandlungen. Die Türken starteten eine zweite Offensive und besetzten die Insel bis zu der heutigen

Greenline. Die griechischen Zyprioten des Nordens flohen vor den Türken. Die türkischen Zyprioten aus den südlichen Gebieten versuchten, das türkisch besetzte Gebiet zu erreichen. Mehr als eine Viertelmillion Menschen waren Flüchtlinge im eigenen Land. Blauhelme übernahmen es, die Greenline zu bewachen: österreichische und kanadische Soldaten.
Ich bin an vielen Stellen der Insel an der Greenline gewesen. Wenn man von Larnaka nach Nicosia fährt, dann fährt man eine ganze Strecke mit dem Auto an der Greenline entlang, sieht den Stacheldrahtzaun, sieht die Unterstände der Türken und der Zyprioten mit ihren Fahnen und sieht die Fahne der UNO. Und dann sieht man auch die Posten. Ich war an der Greenline oberhalb von Famagusta, um mit dem Fernglas hinunterzuschauen in diese Stadt, die einst die bedeutende Drehscheibe des Handels und des Verkehrs war, die darüberhinaus ein touristisches Zentrum war, ehe die Türken kamen. Ich sah die leeren Straßen, die verlassenen Häuser, Baustellen, auf denen keiner mehr arbeitet. Das gespenstischste Erlebnis aber war die Nacht an der Greenline in Nicosia. Nicosia ist eine lebendige Stadt mit vielen Neubauten, international. Und dann fährt man mit dem Wagen durch die Altstadt und je näher man der Greenline kommt, etwa beim Erzbischöflichen Palast, desto verlassener und einsamer werden die Straßen. Es brennen wenig Straßenlaternen. Die Häuser wirken verlassen. Das Auto, das um die Ecke biegt, ist ein Jeep mit Blauhelm-Soldaten auf einer Patrouillenfahrt. Dann ist die Straße mit betongefüllten Ölfässern versperrt. Eine Mauer von Haus zu Haus. Stacheldraht. In einem Unterstand brennt Licht. Soldaten. Unheimlich. Das Gefühl von Bedrohung. Krinos fährt vorbei. Mein Freund Krinos ist Zypriote, für ihn ist das Alltag. Wir nähern uns wieder der Stadt. Es wird heller, belebter. Keine dreihundert Meter von der Greenline entfernt, eine Taverne. Wir treten ein. Musik empfängt uns. Gedränge. Eine andere Welt. Krinos hat einen Tisch bestellt. Auf einem kleinen Podest sitzen vier Musiker und ein kleines Mädchen. Drei Bouzouki-Spieler, eine Ziehharmonika. Das Mädchen mit einer Zimbel. Die klassische Formation des Rembetiko, jener griechischen Musik, die die Flüchtlinge 1923 aus den Städten Kleinasiens mitgebracht haben und die zu ihrer Musik der Sehnsucht nach der verlorenen Heimat, zur Musik der Klage über das trostlose Dasein in den elenden Flüchtlingslagern, zur Musik des Heimwehs und des Schmerzes geworden ist. Blues ist eine vergleichbare Musik, geboren aus dem gleichen Lebensgefühl, und der Tango. Die Musiker spielen. Es ist neun Uhr abends. Die Musiker werden noch ohne Pause spielen und singen, wenn wir gegen ein Uhr das Lokal verlassen. Der Wirt selber ist übrigens der Leiter der Gruppe und der Hauptsänger. Vorerst aber sitzen wir an unserem Tisch. Krinos bestellt roten Wein. Der Kellner bringt unaufgefordert Mezedes, aber nicht nur uns, sondern allen Gästen im Lokal. Immer neue Teller mit immer neuen Köstlichkeiten der zypriotischen Küche. Mit Oliven hat es begonnen, Tomaten- und Gurkenscheiben mit Knoblauch und Kräutern, dann kommen Tachini: Sesamcreme, Skordalia: Knoblauchcreme, Taramosalata: Creme aus Fischrogen, frisch gebackenes Brot dazu, ofenwarm, in Rotwein gekochter Oktopus, Schnekken in Tomatensauce, Scampi, Souvlakia: Fleischspießchen, Fischkroketten, Hallumi: gegrillter Käse, Lunza: Schweinefilet in Rotwein gekocht und danach geräuchert, Keftedes: Fleischbällchen, Sheftalia: mit Fleisch gefüllte Teigtaschen und Loukanika: die wunderbaren geräucherten zypriotischen Würste. Wir essen und trinken, und die Musik hüllt uns ein in die eigenartige Bouzouki-Atmosphäre.

Am Nachbartisch sitzt eine Hochzeitsgesellschaft. Braut und Bräutigam, die Eltern, die Komparoi: die Trauzeugen. Der Vater der Braut, ein gestandener Herr, ist der erste der tanzt, allein, auf der winzigen Tanzfläche zwischen den Tischen vor den Musikern. Und dann tanzen die Frauen und schließlich die ganze Gesellschaft. Eine unvergleichliche Stimmung. Man möchte, daß dieser Abend nie endet. Danke dir, Krinos, für dieses Erlebnis.
Wir fahren von Paphos durch die Vorberge des Troodos-Gebirges. Wir wollen eines der Klöster besuchen, die es dort gibt, mit vielen Kunstschätzen und wenigen Mönchen. Die Landschaft ist jetzt im Herbst braun verbrannt. Wo es künstliche Bewässerung gibt, ist üppiges Grün. Felder mit Bohnen, Bäume mit Pampelmusen so groß wie Babyköpfe, Orangenbäume voll goldener Kugeln und dann ein ganzes Feld voll Bananen. Die Fruchtstände sind mit blauen Plastiktüten überzogen. Vermutlich, um die Reifung zu beschleunigen. Sie sind klein, diese zypriotischen Bananen, kleiner als die aus Mittelamerika. Aber es will mir scheinen, sie schmecken süßer und würziger.
Zypern ist ein fruchtbares Land und seine Früchte und sein Gemüse sind von hoher Qualität. Aber das einzige, was davon zu uns nach Deutschland kommt, sind die Kartoffeln, die roten Kartoffeln Zyperns, die schon früh im Jahr bei uns auf dem Markt sind. Ich ziehe sie allen anderen vor.
Wir kommen an einen Olivenhain. Eine Bauersfrau schlägt mit einer dünnen Stange reife Oliven vom Baum. Sie fallen auf Tücher, die unter den Bäumen ausgelegt sind, und werden von dort in Säcke gefüllt, die der Esel, der nebenan weidet, wohl zur Mühle tragen wird. Wir halten an. Ich steige aus und frage die Frau, wie oft sie erntet und wann sie erntet. «Jetzt im November sind die ersten Oliven reif.» Und sie schlägt nur die reifen Oliven vom Baum. Das wird sie jeden Monat tun bis zum Frühjahr. Im Schatten eines Baumes liegt ein Bauer auf leeren Säcken. Er

Familie beim Festessen. «Die dreijährige Tochter hat Geburtstag».

Noch immer ist der Esel das beste Transportmittel.

liegt auf der Seite, hat den Kopf in eine Hand gestützt, mit der anderen Hand ißt er. Brot, Oliven, eine Flasche. Ich grüße. Er grüßt zurück. «Ela», sagt er und winkt mit der Hand. «Komm, iß etwas mit mir.» Ich trete zögernd heran, will ihn nicht beleidigen. Er deutet auf den Boden neben sich, wo ein sauberer Sack liegt. «Kaze, kaze», sagt er, «setz Dich». Und dann teilt er mit mir sein wunderbares graues Weizenbrot. In einem Plastiksäcklein hat er mit Knoblauch und Gewürzen eingelegte Oliven. «Nimm.» Und dann spült er unter Zuhilfenahme eines Fingers ein zweites Glas mit einem Schuß Wein aus, gießt ihn weg, macht das Glas halbvoll und reicht es mir. «Jasou». Auf dein Wohl. Dann aber kommt, was kommen muß, ich muß seine Neugierde befriedigen, seine griechische Neugierde. Woher ich komme. Was ich auf Zypern mache. Wie lange ich schon da bin. Wie lange ich noch bleiben werde. Wo ich Griechisch gelernt habe. Ob ich verheiratet bin. Ob ich Kinder habe und wieviele. Und wie es in Deutschland gehe. Und. Und.

Wir sind im Troodos-Gebirge. Hier oben in den zypriotischen Bergen gibt es richtigen Wald. Zedern, Pinien, Tannen. Die Luft ist frisch und kühl und es duftet nach Harz und Wald. Dazwischen freundliche Dörfer mit freundlichen Menschen und kleinen Hotels, in die man sich in der Hitze des Sommers flüchten kann. In den Tälern gedeiht Obst. Äpfel zum Beispiel, für die es im flachen Land zu heiß ist. Am Südhang wachsen Trauben, wird einer der ältesten Weine gekeltert, den es gibt, der Commandaria. Wein aus Zypern wird bereits in der Bibel erwähnt. König Salomon pries ihn im Hohen Lied. Ein wunderschönes Mosaik aus römischer Zeit erzählt in Paphos die Erfindungsgeschichte des Weines.
Und nach demselben alten Rezept, nach dem in jenen Zeiten der Wein hergestellt wurde, wird er noch heute produziert. Die Trauben trocknen in der Sonne, und aus diesem Traubenkonzentrat wird der süße Most gepreßt.
Dann wird er in Fässer gefüllt, in denen sich noch alter Wein befindet. Und so entsteht der Commandaria, der einst bei den Festen der Göttin Aphrodite getrunken wurde, den die Kreuzritter tranken und von dem Richard Löwenherz sagte, er sei der Wein der Könige und der König der Weine.
Die höchste Erhebung des Troodos-Gebirge ist der Olymp mit 1.951 Metern. Vom Januar bis zum März ist der Olymp schneebedeckt und man kann skifahren.
Der Troodos hat einen verborgenen Schatz, den mir Krinos eines Tages zeigte. Das sind seine Kirchen. Sie fallen nicht auf und manche von ihnen stehen noch nicht einmal in einer Ortschaft.
Nie war Zypern vor Überfällen sicher. Zu nahe

liegt die Insel vor den Küsten des Orients. Also wurden die Kirchen getarnt, überbaut mit einem Gebäude, das ausschaut wie eine Scheune. Ein Eindringling sollte nicht gleich auf die Kirche und ihre Schätze aufmerksam werden. Diese Überbauten aber hatten eine sicherlich nicht vorhergesehene Wirkung. Zwischen der Mauer der Kirche und der sie umgebenden Scheune kann die Luft zirkulieren und die Fresken, mit denen die Wände vollständig bemalt sind, blieben in besonderer Weise erhalten. Hinzu kommt, daß diese Kirchen keine Fenster haben und in Jahrhunderten war das einzige Licht das Licht der Kerzen und Öllampen.

Krinos zeigt mir die schönsten davon. Fünf Kilometer von dem Dorf Nikitari entfernt, in einem dichten Kiefernwald und von Eukalypthusbäumen umgeben, die Kirche von Asinou.

Oder die Kirche der Panagia tou Arakou in Lagoudhera. Beide Kirchen aus dem 12. Jahrhundert. Oder die Kirche Stavros von Hagiasmati. Die Bilderprogramme erzählen die wichtigsten Stationen im Leben des Christus und der Mutter Gottes. Ihrer eindringlichen Schönheit kann man sich nur schwer entziehen. Einmal ist es der Papas, der Priester des Ortes, ein anderes Mal ist es ein Bauer, der uns mit dem Schlüssel die Kirche öffnet. Es ist jedesmal überwältigend, wenn die Türe sich öffnet und das Licht in die Kirche fällt. Diese Welt der Bilder. Und es kommt dir in den Sinn, daß die Menschen des Mittelalters, als diese Bilder gemalt wurden, ja nicht lesen konnten. Mit diesen Bildern wurde ihnen das Evangelium verkündet.

«Weißt du», sagt Krinos, «die ich dir hab heute zeigen können, das waren nur die schönsten, es gibt noch eine ganze Reihe. Die solltest du selbst entdecken, irgendwann, wenn du einmal wieder kommst.»

Am Abend gibt es bei Krinos Kleftiko. In seinem Garten, hinterm Haus, hat er einen Backofen, eine Halbkugel aus Steinen gemauert mit einer Öffnung. In diesem Ofen macht Krinos Feuer. Reisig kommt hinein. Das Feuer brennt und der Ofen gibt einen brummenden Ton von sich. Dann kommen dickere Holzscheite hinein, immer mehr. «Der Ofen muß glühen», sagt Krinos und stellt die Ofenöffnung mit einem Blech zu. In der Küche hat Simoni, seine Frau, begonnen, Kartoffeln zu schälen und zu halbieren.

Krinos schneidet Lammfleisch in Stücke wie für Ragout. Dann nimmt er zwei Kartoffelhälften, salzt sie an der Schnittstelle, legt ein Lorbeerblatt hinein und ein Stück Fleisch, umwickelt das Ganze mit bebuttertem Pergamentpapier, wickelt dieses in Alufolie, dann wickelt er dieses in mehrere Lagen Zeitungspapier und zum Schluß umhüllt er diese Kugel noch einmal mit Stanniolpapier. Bald hat er einen ganzen Korb voll Stanniolkugeln mit Inhalt. Mit diesen gehen wir hinaus zum Ofen. Der ist inzwischen entsprechend heiß. «Siehst du», sagt Krinos, «die Innenwand des Ofens muß von der Hitze weiß sein.» Er räumt die restliche Glut des Ofens raus und füllt ihn mit den Stanniolkugeln. Dann wird der Ofen zugemauert. Dazu hat er Lehm in einem Eimer. Die Öffnung des Ofens wird mit einer Platte zugestellt und mit Lehm verschmiert. Desgleichen das Luftloch oben auf dem Ofen. Der Ofen ist jetzt ganz abgedichtet. «Weißt du», sagt Krinos, «dieses Kleftiko, das ist eine Erfindung der Freiheitskämpfer, die kein offenes Feuer machen konnten, um sich Fleisch zu braten.» Zwei Stunden wird es jetzt dauern, bis das Kleftiko fertig ist, und natürlich wird die Wartezeit mit dem Essen von Mezedes ausgefüllt, und einen guten Schluck roten Wein aus dem Troodos gibt es dazu. Simoni bringt eine Platte mit duftendem Rebhuhnstifado, in Rotwein gekochte Rebhühnchen mit Perlzwiebeln und feinen Gewürzen. Es schmeckt unvergleichlich.

Inzwischen ist das Kleftiko soweit. Es wird ausgepackt. Die Kartoffeln und das Fleisch kommen in getrennte Schüsseln und werden mit frischen Salaten aufgetragen. Einer dieser Salate ist das Grün von Koriander. Wo gibt es noch einmal einen solchen Salat?
Und wo gibt es diese Kartoffeln? Die Kartoffeln des Kleftiko, die sich vollgesaugt haben mit dem Saft des Fleisches, und das Fleisch, das ganz mürb ist und auf der Zunge zerfällt?

Wenn man nach Zypern fliegt, kann man in Paphos ankommen oder in Larnaca. Wenn die Maschine in Larnaca zur Landung ansetzt, dann fliegt sie unmittelbar vor der Landung über einen Salzsee, auf dem im Frühjahr Tausende von Flamingos stehen. Im Sommer und Herbst ist der Salzsee ausgetrocknet. Das kristallisierte Salz wird gesammelt und in Lastwagen abtransportiert, 50.000 Tonnen jedes Jahr. Hinter dem Salzsee sieht man wie eine Fatamorgana ein Stück Orient. Fast unwahrscheinlich in seiner Schönheit. Palmen, Zypressen, ein Minarett, die Kuppel einer Moschee. Bei der Ankunft fehlte mir die Zeit, dieses Kleinod zu besuchen. Am Abflugstag aber fahren wir frühzeitig in Nicosia ab, und in Larnaca bleibt uns genügend Zeit, die Tekke der Umm Haram zu besuchen. Tekke der Umm Haram, das bedeutet die Grabstätte der hochgeachteten Mutter. Es war die Tante des Propheten Mohammed, und sie kam 647 n. Chr. mit einem arabischen Invasionsheer nach Zypern. Auf Zypern fiel sie so unglücklich von einem Maultier, daß sie sich den Hals brach. Der Ort ist ein besonderes Heiligtum des Islam nach Mekka, Medina und Jerusalem. Die Tekke ist in ihrer heutigen Gestalt 1816 gebaut, über dem Grab, das seit altersher bestand. Wir treten durch das Tor und sind in einem verwunschenen Garten. Zitronen-, Orangen-, Granatapfelbäume, Oleanderbüsche und Rosen. Alles ein wenig verwildert. Seitdem die Türken aus dem westlichen Zypern geflohen sind, kümmert sich wohl kaum noch jemand um die Pflege der Anlage. Ein alter Mann winkt uns einladend. Wir ziehen die Schuhe aus und treten ein, wie es sich in einem muslimischen Heiligtum gehört, auf Strümpfen. Am Grab der Umm Haram sehen wir nur einen schweren Vorhang. Und so bleibt uns der Blick verwehrt auf den Stein, den nach dem Tod der hohen Frau, so glaubt man, Engel vom Sinai gebracht haben und den sie noch immer über dem Grab schwebend halten. Weil die Besucher der Tekke Angst hatten, von dem Stein erschlagen zu werden, wurden auf beiden Seiten Stützen aufgemauert, aber nur deswegen, sagt der alte Mann. Bei der Tekke ist ein kleines Restaurant. Wir sitzen noch eine Weile und genießen die Stille dieses paradiesischen Ortes. Dann fahren wir zum Flughafen. Im Souvenirshop gibt es u. a. Stickereien aus Lefkara. Wunderschöne Tischdecken, Bettüberwürfe. Wir waren in Lefkara, haben uns von den Frauen des Dorfes, die seit Jahrhunderten die Kunst des Stickens pflegen, ihre Arbeit zeigen lassen. Monatelang sticken sie an einer einzigen Decke, die ein Wunderwerk ist.
Und dann wird es Zeit für einen letzten Brandy sour. Brandy sour ist der Drink von Zypern, den wir getrunken haben am Abend in irgendeiner Bar am Strand, in Paphos und in Larnaca, wenn die Sonne unterging. Der Barmann nimmt ein hohes Glas und gibt zwei Teile Brandy hinein, einen Teil Lemonsquash: Zitronensirup, zwei Spritzer Angostura bitter, dann gibt er viel Eis hinein und füllt mit Soda auf. Eine Scheibe Zitrone kommt auf den Rand zur Verzierung. «Jassas, auf eure Gesundheit.»

Gebackener Fisch

Gebackener Fisch
(Psari sto Fourno)

1. 1,2 kg beliebige Mittelmeerfische, in Stücke geschnitten
Salz
4 EL Zitronensaft
2. 4 Zwiebeln, fein gehackt
4 Tomaten, in Schnitze zerteilt
4 grüne Paprika, Stielansatz und Kerne entfernt, in Streifen geschnitten
½ Selleriestange, in Streifen geschnitten
2 Knoblauchzehen, gepreßt
2 Zweige Oregano, fein geschnitten
3 EL Zitronensaft
3 EL Olivenöl
Salz, weißer Pfeffer
3. 1 Zitrone in Schnitzen

Die Fischstücke auf eine gefettete, feuerfeste Platte legen, salzen, mit dem Zitronensaft beträufeln, ½ Std. kühlstellen. Die Zutaten von 2. darüber verteilen, Zitronensaft und Öl darübergießen. Im auf 180° C vorgeheizten Backofen dünsten, bis der Fisch weich ist (18 Min.). Mit Zitronenschnitzen servieren.

Pastizio mit Kartoffeln
(Pastitio paritiko me Patates)

1. 1 kg *Kartoffeln, mit der Schale gekocht, geschält und durchgepreßt*
   100 g *zypriotischer Käse (Ersatz: Parmesankäse), gerieben*
2. 3 EL *Butter*
   2 *Zwiebeln, fein gehackt*
   400 g *Rindshackfleisch*
   4 *Tomaten, in Stücke geschnitten*
   Salz, Pfeffer
3. 1 *Ei, verklopft*

Die Zutaten von 1. miteinander vermengen. Die Hälfte davon in eine gut ausgebutterte Auflaufform geben.
Die Butter erwärmen, die Zwiebel darin glasig dünsten, das Fleisch beigeben, mitdünsten, bis es hell geworden ist, die Tomaten dazugeben, würzen, ¼ Std. köcheln. Die Fleischmasse auf die Kartoffellage geben, mit der zweiten Kartoffelhälfte bedecken, mit dem Ei bepinseln. Im auf 180° C vorgeheizten Backofen ¼ Std. backen.

Sesampüree
(Tachini)

1. 100 g *Sesamsamen*
   5 EL *Zitronensaft*
   150 ml *Wasser*
   2 *Knoblauchzehen, gepreßt*
   Salz, Pfeffer
2. 4 EL *Olivenöl*
3. *Oliven*
   einige Petersilienzweige

Zutaten von 1. mit dem Stabmixer oder im Mörser zu einer Paste verarbeiten. Olivenöl dazurühren. Auf einem flachen Teller anrichten. Mit den Oliven und der Petersilie garnieren.
Weißes Brot, in Streifen geschnitten, dazustellen. Man dippt das Brot in die Sauce.

Pastizio mit Kartoffeln

Flaounna-Pastete
(Flaounna Tyropita)

1. 250 g Mehl
1 Briefchen Backpulver
300 g türkischer Käse (Ersatz: Parmesankäse, gerieben)
100 g Schafskäse, in Würfel geschnitten
1/4 l Olivenöl
1/4 l Milch
3 Eigelb
1 EL Minze, fein gehackt oder 1 TL getrocknete Minze
2. 3 Eiweiß, steif geschlagen
3. 2 EL Butter
3 EL Sesamsamen

Mehl und Backpulver über die übrigen Zutaten von 1. sieben, alles gut miteinander vermengen. Das Eiweiß unterziehen. In eine ausgebutterte Auflaufform füllen. Im auf 180° C vorgeheizten Ofen 90 Min. backen. Evtl. nach einer Stunde mit Backpapier abdecken. Mit der Butter bestreichen und mit dem Sesam bestreuen.

Kichererbsenpüree
(Humus)

1. 500 g Kichererbsen
1 1/2 l Wasser
2. 250 ml Tachini (Rezept siehe Seite 156)
8 EL Zitronensaft
10 Knoblauchzehen, gehackt
4 EL Olivenöl
1 TL Paprikapulver
einige Petersilienzweige

Die Erbsen über Nacht einweichen, mit kaltem Wasser aufsetzen, ganz weichkochen (ca. 2–2 1/2 Stunden). Etwas Kochwasser und einige Erbsen zurückbehalten. Abseihen, mit dem Stabmixer oder dem Mörser zu einem Brei verarbeiten.

Flaounna-Pastete

Nach und nach das Tachini, den Zitronensaft und etwas Kochwasser den Kichererbsen beifügen, dann den Knoblauch. Einige Male aufkochen. Erkalten lassen. Auf einer flachen Platte anrichten, das Öl darüberträufeln, das Paprikapulver darüberstäuben, mit den Petersilienzweigen und den ganzen Kichererbsen garniert servieren. Brotstreifen dazureichen.

Rindfleisch-Stifado
(Moschari Stifado)

1. 500 g Schalotten
¼ l Wasser
2. 4 EL Olivenöl
600 g Rindsragout
3. ¼ l herber Rotwein
Salz, Pfeffer
4 Tomaten, in Schnitze zerteilt
4 Knoblauchzehen, fein gehackt
2 Lorbeerblätter
1 Zweig Rosmarin
½ Zimtstange
4. 2 EL Butter
3 EL Weißweinessig

Die Schalotten in kochendem Wasser 3 Min. blanchieren, schälen. Das Öl von 2. erhitzen, das Fleisch ringsum anbraten. Mit dem Wein ablöschen, würzen, die restlichen Zutaten von 3. beigeben, auf kleinem Feuer 1 Std. köcheln lassen. Die Butter schmelzen, die Zwiebeln darin hellbraun dämpfen, mit dem Essig ablöschen, alles zum Fleisch geben. Dünsten, bis das Fleisch weich ist (je nach Qualität nochmals ½ bis 1 Std.).

Bohnensuppe
(Fasolia Soupa)

1. 400 g weiße, getrocknete Bohnen
1 l Wasser
2. 250 g Karotten, gerieben
2 Zwiebeln, fein gehackt
4 Tomaten, in Scheiben geschnitten
2 Zweige Oregano, fein gehackt
5 EL Olivenöl
3. Salz, Pfeffer
1 Bund Petersilie, fein gehackt

Die Bohnen über Nacht in kaltem Wasser einweichen. Das Einweichwasser wegschütten. Mit dem kalten Wasser von 1. aufsetzen, 1 Std. köcheln lassen. Die Zutaten von 2. beigeben. Kochen, bis die Bohnen weich sind (je nach Alter und Qualität nochmals 1 bis 1½ Std.). Würzen. Mit der Petersilie bestreut servieren.

Chalvas auf Bauernart
(Chalvas choriatikos)

1. 100 g Mandeln
2. 250 g Butter
200 g Grieß
3. 1 l Wasser
1 EL Zimt
3–5 EL Zucker
4. 1 EL Zucker
1 TL Zimt

Die Mandeln mit kochendem Wasser übergießen, einige Min. stehen lassen, schälen, grob hacken. Die Butter schmelzen, das Grieß beigeben, auf kleinem Feuer braun rösten (dauert ca. ¼ Std.). Achtung: schäumt auf! Zutaten von 3. beigeben. 5 Min. kochen. In eine kalt ausgespülte Schüssel füllen. Erkalten lassen. Stürzen. Mit dem Zimtzucker bestreuen, in Portionen geschnitten servieren.

Hackfleischkoupes

Hackfleischkoupes

(Koupes)

Teig

1. *100 g Grieß*
   ¼ l Wasser
   100 g Mehl
   ½ Briefchen Backpulver
   Salz
   4 EL Olivenöl

Füllung

2. *2 EL Butter*
   1 Zwiebel, fein gehackt
   250 g Hackfleisch
   Salz, Pfeffer
   1 TL Zimt
   2 EL Petersilie, fein gehackt
3. *1½ l Fritieröl*

Teig

Grieß und Wasser miteinander vermengen. Über Nacht stehen lassen. Das Mehl mit dem Backpulver vermengen, über das Grieß sieben, würzen, das Olivenöl beigeben. Alles zu einem sehr festen Teig verarbeiten.

Füllung

Die Butter schmelzen, die Zwiebel darin glasig dünsten, das Hackfleisch beigeben, dünsten, bis es hell geworden ist, würzen, ½ Std. köcheln lassen.

Koupes

Nußgroße Teigstücke in der linken Hand flach drücken, Fingerspitzen der rechten Hand mit etwas Butter bestreichen (damit das Fleisch nicht daran klebt), kleine Fleischportionen in den Teig drücken, diesen zu länglichen Taschen schließen. Das Fritieröl auf 180° C erhitzen, die Koupes darin goldbraun braten.

Apfelkuchen

Apfelkuchen
(Milopita)

1. 500 g Mehl
1 Briefchen Backpulver
250 g Butter zimmerwarm, in Flöckchen geschnitten
150 g Zucker
evtl. 1–3 EL Wasser
2. 1 kg Äpfel, in dünne Scheiben geschnitten oder Apfelbananen
3 EL Rosinen
1 EL Zucker
1 TL Zimt
3. 1 EL Zucker
1 TL Zimt
1 EL Butterflöckchen

Das Mehl und das Backpulver auf den Tisch sieben, die Butterflöckchen und den Zucker daraufgeben, mit den Händen zerreiben. Soviel Wasser beifügen, daß ein glatter, weicher Teig entsteht. Den Teig in zwei Portionen teilen, jede Portion in die Form eines gefetteten Backbleches ausrollen. Eine Teigplatte hineinlegen, den Rand etwas hochziehen. Mit einer Gabel einstechen. Apfelscheiben und Rosinen darauf verteilen. Mit dem Zucker und dem Zimt bestreuen. Das zweite Teigblatt darüberlegen. In beliebig große Portionenstücke schneiden. Im auf 180° C vorgeheizten Backofen 20 bis 25 Min. backen. Noch warm nochmals mit Zimtzucker bestreuen, die Butterflöckchen darauf verteilen.

Nachwort

von Kathrin Rüegg

Soeben habe ich mein letztes Rezept ins Reine geschrieben – und dann – wie immer, wenn eine Arbeit fertig ist – darüber nachgedacht, was für ein Kind ich nun wieder in die Welt entlasse. Ich bin in Gedanken mit Küchenschürze und Kochtopf den Mittelmeerländern entlang gewandert, gefahren und gesegelt und habe dabei vieles gelernt: Überall gemeinsam ist die Verwendung von Knoblauch, viel Knoblauch, Olivenöl, viel Olivenöl, viel, viel Zucker, in den östlichen Ländern diejenige von Zimt, eventuell Dill, von Griechenland an westwärts diejenige von Basilikum, Rosmarin, Salbei, Thymian, Oregano, jene Gerüche, die für uns «Mittelmeerküche» schlechthin bedeuten. Zum Teil habe ich verblüffend einfach herzustellende Leckereien gefunden (jetzt denke ich zu allererst an die türkischen Zucchiniküchlein), dann wohl «exotisch» anmutende Eintopfgerichte, die wir aber umgehend in unseren Kochalltag übernehmen werden, weil sie nicht nur gut schmecken, sondern auch wieder ganz einfach zuzubereiten sind.
Meine Hausgenossinnen und -genossen haben wochenlang Mittelmeerrezepte geprüft, genossen, auch einige verworfen, denn das Sprichwort «Was der Bauer nicht kennt ...» hat auch heute noch eine gewisse Gültigkeit.
«Das ist doch keine Küche, wie unsere Großmütter sie kannten», war zu Beginn meiner Arbeit ein Einwand. Meine Großmutter konnte keine Speisen mit Gemüsen kochen, die hierzulande damals einfach nicht bekannt waren. Aber hätte sie sie gekannt, viele der Rezepte, die wir nun eben durch die Mittelmeer-Großmütter vermittelt bekamen, wären auch in unseren Kochtöpfen auf ähnliche Art zubereitet worden.
Eines meiner Kriterien bei der Rezeptauswahl war es, daß man sie mit hier problemlos erhältlichen Zutaten kochen kann. Konzessionen mußte ich machen. Türkischer Hartkäse etwa ist vielleicht in Großstädten erhältlich, wo es türkische Spezialgeschäfte gibt. Aber zum Beispiel hier bei mir auf dem Land, wo der nächste Supermarkt beinahe eine Autostunde weit entfernt ist? In den Mittelmeerländern sind Desserts viel stärker gesüßt als bei uns. Da habe ich die Zuckermengen nach unserm Geschmack reduzieren müssen. Trotzdem: Beim Kochen und Essen von «Mussaka mit Bohnen» habe ich mich plötzlich wie in Athen gefühlt, bei den «Gambas con ajo» wie in Andalusien (und da erinnerte ich mich plötzlich wieder an einen Felipe, der mir vor gut vierzig Jahren dort den Hof gemacht hat ...) –.

Zu den entsprechenden Rezepten zu kommen, war nicht immer ganz einfach. Ich wollte ja alte Hausfrauen-Rezepte aufschreiben, nicht solche, nach denen Restaurant-Köche arbeiten. Die griechischen und zypriotischen Rezepte hat Werner Feißt von seinen dortigen Freunden erhalten und sie für mich aus dem Griechischen übersetzt. Für die restlichen Regionen konnte ich mich an eigene liebe Freunde und Freun-

dinnen halten. Da gibt es also ringsum viel zu danken.
Mit dem Übersetzen war es aber längst nicht getan. Wir mußten ja alles nachkochen und gegebenenfalls ändern. Dabei war mir Frau Margarete Diederich – wie bei den letzten drei Großmutter-Büchern – eine unschätzbare Hilfe.
Ein großes Dankeschön gilt auch Frau Claudia Bauer. Sie hat die für dieses Buch ausgewählten «fotogenen» Speisen nochmals nachgekocht, damit Michael Bauer sie entsprechend ins Bild setzen konnte.
So kochen, wie die Großmütter am Mittelmeer seit jeher kochten, ist für uns «Kochen wie im Urlaub». Und gleichzeitig bringen wir gesunde, bekömmliche, meist einfach herzustellende Speisen auf unsern Tisch. Hoffentlich trägt meine Rezeptsammlung dazu bei, daß mancher «Bauer» sich dazu bewegen läßt, etwas zu versuchen, das er vorher nicht gekannt hat – und das erst noch mit Genuß!
Jetzt ist es Samstagmorgen, der 27. Juli, 9.45 Uhr. Ich werde nun in meine Küche gehen und ein Festessen zur Feier meines fertigen Manuskripts herrichten. Es wird Auberginen mit Tzatziki aus Griechenland zur Vorspeise geben, einen dalmatinischen Linsensalat, einen provenzalischen Lammbraten, andalusische Erdbeeren und eine venezianische Sandtorte. Leider weiß ich nicht in all den entsprechenden Sprachen, wie man sich «Guten Appetit» wünscht, und sage es meiner Tafelrunde dann eben auf schweizerdeutsch: «En Guete!»

Herzlich

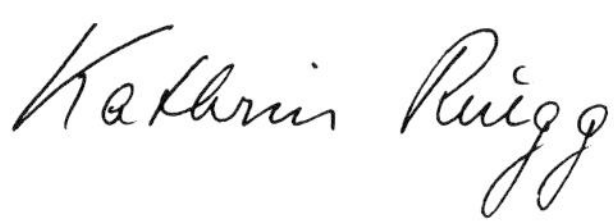

Ich danke der Firma Villeroy & Boch, daß sie uns großzügigerweise Geschirr der Reihe «Switch» zur Verfügung gestellt hat.

Nachwort

von Werner O. Feißt

Es war schön, dieses Buch zu schreiben, es war wie ein langer Urlaub, ohne zu verreisen. Da bin ich in Gedanken auf den Parkplatz vor dem Hotel in Sevilla in das Auto gestiegen, zusammen mit Wolfgang, und dann sind wir hinaus gefahren am Guadalquivir entlang aus der Stadt und nach Süden.
Wir sind nach Jerez und Cadiz gefahren und ich habe nichts dazu gebraucht als die Landkarte und meine Dias, um dem Gedächtnis zu helfen, die Reise wieder erstehen zu lassen. Sie glauben nicht, welche Details aus der Tiefe der Erinnerung emporgestiegen sind, solche, die für das Buch niedergeschrieben wurden und solche, die mir ganz allein gehören. Ich bin gereist von Andalusien bis nach Zypern, habe die Landschaften und die Menschen wieder gesehen, habe mich an die Freunde erinnert und an das Zusammensein, habe die Lieder gehört und die Reden, habe die Speisen geschmeckt, die Weine, habe die Blumen gerochen und das Meer, das große blaue Mittelmeer, das alle diese Landschaften miteinander verbindet.
Ich habe versucht, das alles aufzuschreiben, für Sie, liebe Leser, und ich habe Sie mir vorgestellt, wie Sie an einem grauen Tag im Lehnstuhl sitzen und mit mir ans Mittelmeer fahren, Landkarte dazu, ein Glas roten Wein vielleicht. Kennen Sie den Begriff des Lehnstuhlreisenden, eines, der mit Hilfe von Reiseschilderungen und Landkarten in die Ferne reist und doch die Vorzüge des Daheimseins nicht missen will? So einer sollten Sie werden anhand von unseren Geschichten und Rezepten. Denn das bietet unser Buch ja auch, die Möglichkeit, ganz konkret in der Küche ein Stück fremde Wirklichkeit nachzuschaffen und sie dann zu genießen. Mittelmeerküche, Kochen und Essen wie im Urlaub. Wenn es dann aus Ihrer Küche nach Oregano duftet und einem Hauch von Knoblauch, da brauchen Sie nur die Augen zu schließen, und schon sind Sie da, in Griechenland und in der Provence.
Daß die Mittelmeerküche gesund ist, das hat Dr. Nicolai Worm überzeugend in seinem Vorwort dargestellt. Wie gesund sie ist, das habe ich einmal an der Südküste Kretas, in einem kleinen Dorf erlebt. Ich habe dort eine Familie porträtiert. Sie bestand aus Vater, Mutter, einem Kind, den Großeltern und zwei Großtanten. Der Großvater war achtundsiebzig und besorgte noch jeden Tag das Kafenion des kleinen Ortes. Die Großtanten waren Ende achtzig und Anfang neunzig. Die eine war für das Holz verantwortlich, das im Herd verbrannt wurde, die andere ging noch jeden Tag in den Olivenhain, um Oliven von der Erde aufzuheben. Kerngesunde, rüstige alte Menschen.
Ich habe mit dem Arzt reden können, der im Dorf seine Praxis hatte. Der sagte mir, es gäbe keine Krankheiten bei Leuten, die jünger seien als sechzig. Eine Erkältung mal, einen Husten. Und über sechzig seien die Leute ebenfalls noch erstaunlich gesund. Ich habe ihn gefragt, wie das komme. Er war der Meinung, von der gesunden Ernährung und vor allem vom vielen Olivenöl.
Die oben beschriebene Familie mit sechs Erwachsenen und einem Kind verbraucht pro

Jahr vierhundert Liter Olivenöl, das sind mehr als ein Liter pro Tag. In der griechischen Küche ist Olivenöl das ausschließliche Fett.
Es wird allen Speisen zugesetzt, es wird zum Braten verwendet, ja es dient sogar als einfacher Brotaufstrich. Dabei lieben die Griechen überhaupt und Kreter speziell ein kräftig schmeckendes Olivenöl, das heißt ein Olivenöl mit einem verhältnismäßig hohen Säuregehalt. Und was das Obst betrifft, so habe ich mich schon oft gewundert, wenn ich mit meinem Freund Georg in Athen auf den Markt gegangen bin, welche Mengen Obst er einkauft und heimschleppt. Er und seine Frau essen pro Woche ca. acht Kilogramm Früchte.
Dr. Worm hat darauf hingewiesen, daß natürlich die Leute am Mittelmeer nicht deswegen «gesund essen», um Herzinfarktprophylaxe zu betreiben, sondern ganz einfach, weil es ihnen schmeckt, und weil sie gerne essen, weil sie etwas vom Essen und Trinken verstehen, weil sie genießen können. Und außerdem, auch darauf weist Dr. Worm hin, hat Essen etwas mit dem Miteinander von Menschen zu tun. Es macht einfach Spaß, in einer großen Familie am Tisch zu sitzen, zu essen, zu diskutieren, zu erzählen, zuzuhören und wieder zu essen und zu trinken, stundenlang. Es wird nicht in einem Minimum an Zeit ein Maximum an Kalorien hineingemampft, sondern da wird das Essen eingeteilt in kleine Gänge, abwechslungsreich und mit einer Vielfalt von Geschmacksnuancen.
Welchen Blumenstrauß an Genüssen bieten zum Beispiel die Mezedes im griechischen Raum, die Antipasti im italienischen, die Tapas in Spanien.
Aber das alles hat natürlich auch etwas mit einer anderen Lebensauffassung zu tun. Vielleicht kommt sie daher, daß halt die Sonne scheint, die Luft warm ist und es schön ist, im Freien zu sein, bei der Arbeit und beim Essen. Am Mittelmeer treffe ich noch oft auf Menschen, die im Freien arbeiten und fröhlich singen. Bei uns wußte ich vor zehn Jahren vielleicht noch, wenn einer auf der Straße sang, das war ein Gastarbeiter aus dem Süden. Heute ist das Singen selbst denen vergangen. Die Arbeit ist weithin zum Lebenssinn geworden, anstatt dem Leben zu dienen. Aber für eine so andere Lebensart läßt sich kein Rezept aufschreiben, das muß man lernen und üben, vor allem üben. Und lernen kann man es nicht unter Touristen in einem Urlaubshotel. Da muß man schon hinausgehen und den Kontakt zu den Menschen suchen.
Vielleicht hat unser Buch Ihnen Mut dazu gemacht.

Herzlich
Ihr

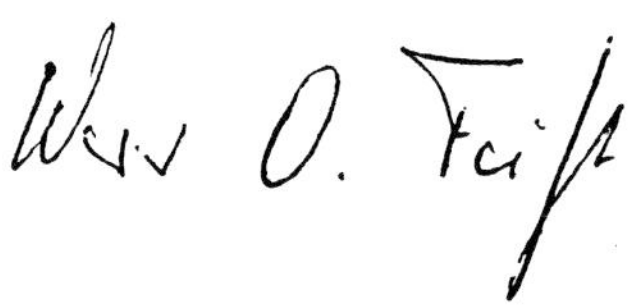

Stichwortverzeichnis